DER SCHWUNG

TOYOTA

FALKEN GOLF PRAXIS

Oliver Heuler

Der Schwung

FALKEN

Inhalt

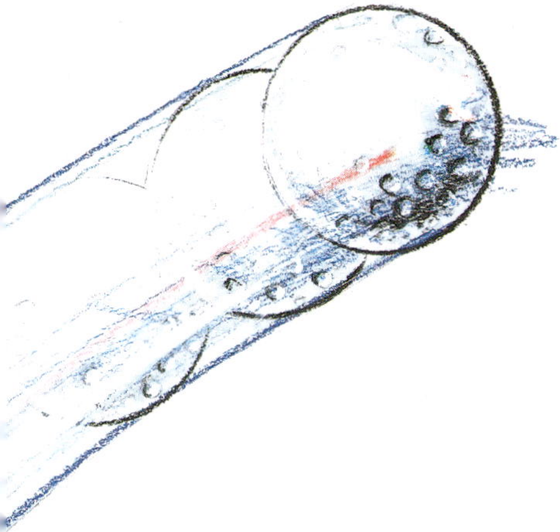

VORWORT

In the recent years golf instruction has become more and more complicated. But the function of the golf swing will always be the same: The clubhead has to swing correctly and repetitive through the ball. Therefore the flight of the ball should always be the first consideration in improving a golf swing. From here it is possible to conclude what the club does at impact, and finally to find out the causes in the motions of the body. In the last decade the video camera has become the most valuable tool in golf instruction. Oliver made use of this advantage from the day he started teaching golf. But it should never be forgotten that the aim is not to make perfect looking swings, but to create a proper impact of club on ball. My aim has always been to find a synthesis of fixing the ballflight and of improving and simplifying the golf swing. In achieving that the plane on which the clubshaft travels plays the most important role in my teaching. In this book you find a detailed description of the swing plane, which will certainly help you in your game. High quality drawings and the pictures of Olivers swing will help you to understand what is really important in golf.

In the past Oliver has travelled to all the great golf instructors including John Jacobs, Denis Pugh and Michael Hebron. This, along with his teaching experience, molded his teaching philosophy, which is very similar to mine.

With Oliver's huge knowledge about golf-technique, I am sure that he will soon become one of the most respected teachers of the game in Germany. I wish him and his most promising student Marc Amort (both former students) good luck for their golf careers.

Finally I hope that this book will lead to a better understanding of the golfswing and will improve your game.

Dallas im July 1994

Hank Haney
Owner and Director of Golf at Hank Haney Golf Ranch in McKinney, Texas and Hank Haney Cityplace Golf Center in Dallas. Teacher of over 100 touring professionals including Tommy Armour III, Mark O'Meara, Chip Beck and Bruce Crampton.

In den letzten Jahren wurde der Golfunterricht immer komplizierter. Aber die Funktion des Golfschwunges bleibt immer gleich: der Schlägerkopf muß richtig und wiederholbar durch den Ball schwingen. Deshalb sollte der Ballflug beim Verbessern eines Golfschwunges immer als erstes betrachtet werden. Von hier aus kann man dann schlußfolgern, was der Schläger im Treffmoment tut, und schließlich die Ursachen dafür in den Körperbewegungen herausfinden.

In den letzten zehn Jahren wurde die Videokamera zum nützlichsten Hilfsmittel im Golfunterricht. Oliver nutzte diesen Vorteil vom ersten Tag seines Golfunterrichts. Man darf jedoch nie vergessen, daß es nicht darum geht, perfekt aussehende Schwünge zu machen, sondern für ein richtiges Auftreffen des Schlägers auf den Ball zu sorgen. Es war immer mein Ziel, eine Synthese zwischen dem Verbessern des Ballfluges auf der einen Seite und dem Verbessern und der Vereinfachung des Schwunges auf der anderen Seite zu finden. Um dies zu erreichen, spielt die Ebene, auf der sich der Schlägerschaft bewegt, die wichtigste Rolle in meinem Unterricht. In diesem Buch finden Sie eine ausführliche Beschreibung der Schwungebene, die Ihnen in Ihrem Spiel sicherlich hilft. Erstklassige Zeichnungen und die Bilder von Olivers Schwung werden Ihnen helfen zu verstehen, was beim Golf wirklich wichtig ist.

In der Vergangenheit besuchte Oliver alle großen Golflehrer, einschließlich John Jacobs, Denis Pugh und Michael Hebron. In Verbindung mit seiner Erfahrung als Lehrer hat dies seine Lehrmethode geprägt, die meiner sehr ähnelt.

Ich bin sicher, daß Oliver mit seinem sehr großen Wissen über Golftechnik bald zu den angesehensten Golflehrern in Deutschland gehören wird. Ich wünsche ihm und seinem vielversprechendsten Schüler Marc Amort (beide ehemalige Schüler von mir) viel Glück für ihre Karrieren im Golf.

Ich hoffe, daß dieses Buch zu einem besseren Verständnis des Golfschwunges und zu einer Verbesserung Ihres Spieles beiträgt.

Dallas im Juli 1994

Hank Haney
Eigentümer und Golfdirektor der Hank Haney Golf Ranch in Mc Kinney, Texas und des Hank Haney Cityplace Golf Center in Dallas. Lehrer von über 100 Playing-Pros, darunter Tommy Armour III, Mark O'Meara, Chip Beck und Bruce Crampton.

Das Ziel des Schwunges ist es, das Schlägerblatt in Richtung Ziel zeigend und schwingend wiederholbar mit hoher Geschwindigkeit mit dem Sweet Spot an den Ball zu bringen

Auf meine Frage, welche Probleme sie zu mir führen, bekomme ich von den meisten fortgeschrittenen Golfschülern Antworten wie „Ich schlage zu schnell und mit zuviel Kraft" oder „Ich beginne den Abschwung immer mit den Schultern, statt die Hüften zu drehen." Diese Antworten zeigen, daß sich die meisten nicht darüber im klaren sind, worauf es beim Golf tatsächlich ankommt. Wenn ich dann frage, was wohl dafür verantwortlich ist, daß der Ball gerade und weit durch die Luft fliegt, erhalte ich meist Aussagen wie „Man muß den linken Arm gerade und den Kopf unten lassen."

Was jedoch wirklich wichtig ist, kann man mit nur einem Satz und für jeden verständlich erläutern:

Das Schlägerblatt muß in Richtung Ziel zeigend und schwingend den Ball mit hoher Geschwindigkeit mit dem Sweet Spot treffen.

Wie man das erreicht, ist im Prinzip völlig nebensächlich, solange man solche Schwünge beliebig oft wiederholen kann. Bestimmte Merkmale und Grundsätze des Schwungs sind natürlich nicht gleichgültig, sollten aber erst nach den Treffmomentfaktoren behandelt werden.

Wie erkennt man nun, was im Treffmoment nicht stimmt? Steht weder eine Videokamera mit sehr geringer Belichtungszeit und Einzelbildschaltung noch ein Treffmoment-Computer zur Verfügung, kann man etwaige Fehler nur am Verhalten des Balles erkennen. Das Divot und die Tatsache, ob und wie sich der Schläger in den Händen verdreht, geben zusätzliche Hinweise. Der Ball richtet sich nur danach, was in der halben Millisekunde passiert, in der er mit dem Schläger Kontakt hat. Fortgeschrittene Golfer sollten in der Lage sein, den Ballflug richtig zu

EINLEITUNG

interpretieren. Denn nur wenn Sie wissen, wie der Ball sich verhält, können Sie daraus schließen, wie sich der Schläger im Treffmoment verhält. Erst danach kann man herausfinden, welche Fehler vor oder während des Schwunges hierfür verantwortlich sind.

Ein Wort zu den Linkshändern unter den Lesern: Das Buch ist komplett aus der Sichtweise eines Rechtshänders geschrieben und bebildert worden. Als Linkshänder müssen Sie sich alle Bilder spiegelverkehrt vorstellen und die seitenbezogenen Begriffe vertauschen.

Treffmomentfaktoren

Insgesamt bestimmen vier Faktoren, die mitunter aus mehreren Komponenten bestehen, wie und wohin der Ball fliegen wird. Der Ball richtet sich ausschließlich nach diesen Treffmomentfaktoren, unabhängig davon, wie sie zustande kommen.

Der wichtigste Faktor ist **die Stellung des Schlägerblattes im Treffmoment.** Damit der Ball gerade in Richtung Ziel fliegt, muß das Schlägerblatt im Treffmoment auch in Richtung Ziel zeigen (die untere Kante des Schlägers steht dann genau senkrecht zur Ziellinie und

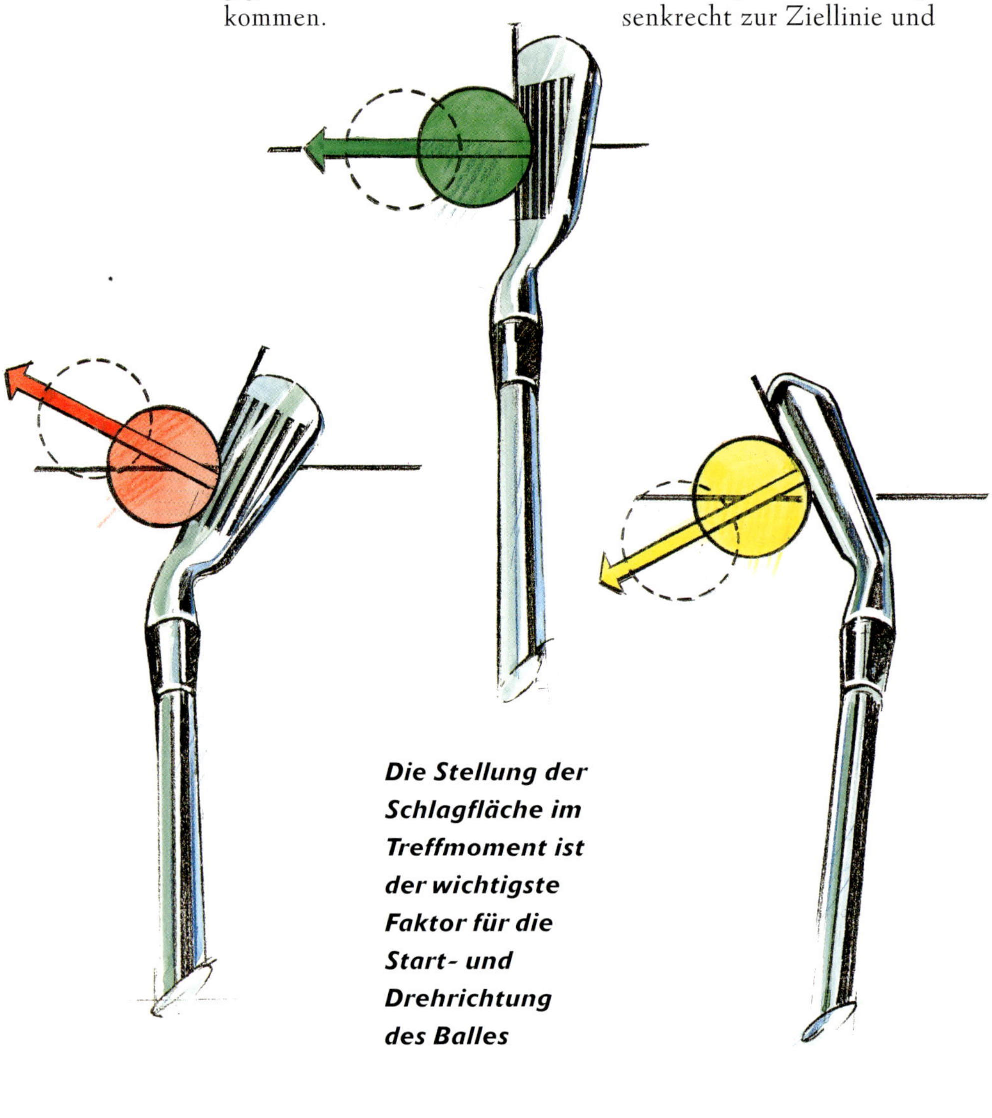

Die Stellung der Schlagfläche im Treffmoment ist der wichtigste Faktor für die Start- und Drehrichtung des Balles

parallel zum Boden). Dieser Faktor ist zum größten Teil für die Start- und Drehrichtung des Balles verantwortlich. Ist das Schlägerblatt im Treffmoment zum Beispiel 5 ° nach rechts verkantet (offen), so wird der Ball – vorausgesetzt alle anderen Faktoren stimmen – circa 4 ° nach rechts starten und im Verlauf des Fluges weiter nach rechts abdrehen. Bei langen Schlägern ist das Abdrehen nach rechts ausgeprägter, bei kurzen Schlägern aufgrund des niedrigeren Treffpunkts und der geringeren Schlägerkopfgeschwindigkeit das Starten nach rechts. Ist beispielsweise die Hacke des Schlägers im Treffmoment weiter vom Boden entfernt als die Spitze, so zeigt die Senkrechte der Schlagfläche nicht mehr in Richtung Ziel, sondern nach rechts. Daher wird der Ball – auch unter sonst gleichen Bedingungen – weiter nach rechts starten und nach rechts fliegen.

Ferner muß das Schlägerblatt auch seinem Loft entsprechend an den Ball kommen. Das heißt, das Griffende muß sich im Treffmoment frontal gesehen ungefähr über dem Schlägerblatt befinden. Es darf also nicht dahinter oder weit davor sein, denn dies würde den Loft des Schlägers vergrößern beziehungsweise verringern, was zu einem höheren oder flacheren Ballflug führt.

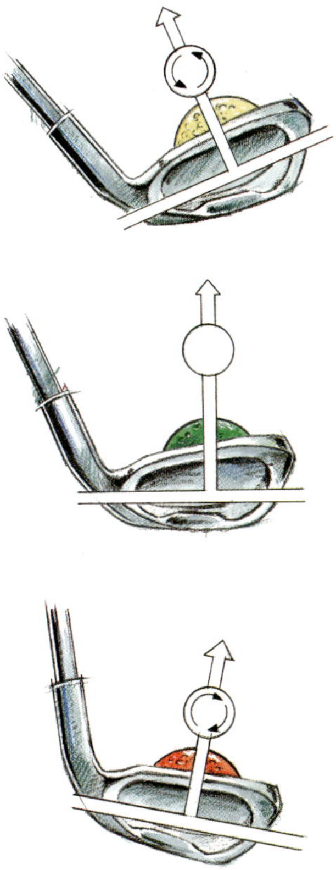

Der Lie des Schlägers im Treffmoment beeinflußt auch die Richtung, in die das Schlägerbatt zeigt (l.)

Der dynamische Loft (Loft im Treffmoment) beeinflußt die Start- und Flughöhe des Balles (u.)

Der horizontale Eintreffwinkel beeinflußt die Startrichtung des Balles

Der zweite Faktor, der die Startrichtung des Balles beeinflußt, ist **der Einfallswinkel des Schlägerkopfes.** Da man neben und nicht über dem Ball steht, bewegt sich der Schläger bei einem korrekten Schwung beim Ausholen nach innen (zum Golfer hin), beim Abschwung von innen zum Ball und beim Durchschwung wieder nach innen (zum Golfer hin), so daß er sich im Treffmoment genau in Richtung Ziel bewegt. Schwingt der Schläger zum Beispiel von außen nach innen „durch" den Ball, also im Treffmoment in eine Richtung links vom Ziel, so wird der Ball – vorausgesetzt, alle anderen Faktoren stimmen – nach links starten und dann leicht nach rechts abdrehen. Dies ist der *horizontale Eintreffwinkel*, auch als Schwungbahn des Schlägers bezeichnet.

Da der Ball auf dem Boden liegt, wird sich der Schläger bei einem korrekten Schwung beim Ausholen nach oben, beim Abschwung nach unten und im Durchschwung wieder nach

Der vertikale Eintreffwinkel beeinflußt die Start- und Flughöhe des Balles

oben bewegen. Hieraus ergibt sich *der vertikale Eintreffwinkel*. Im Idealfall ist dieser relativ flach, das heißt, der Schläger trifft den Ball bei einem Schlag mit einem Eisen noch in der Abwärtsbewegung und bei einem Schlag mit einem Holz genau in dem Moment, in dem er sich parallel zum Boden bewegt. Ist der Eintreffwinkel beispielsweise zu steil – der Schläger bewegt sich im Treffmoment also zu stark nach unten –, so wirkt die Kraft nicht in Richtung Ziel, was zum Beispiel bei Schlägen mit dem Holz vom Tee häufig zum Unterschlagen führt. Ist er dagegen zu flach, so verursachen Schläge ohne Tee, insbesondere aus schlechteren Lagen, große Probleme, da sich der tiefste Punkt des Schwunges vom Golfer aus gesehen rechts vom Ball befindet.

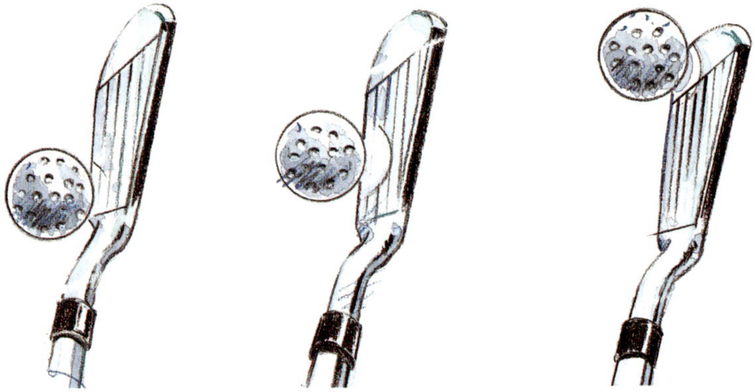

Nur wenn der Ball mit dem Sweet Spot getroffen wird, überträgt sich die maximale Energie vom Schläger auf den Ball

Der dritte Faktor ist das **Treffen des Balles mit dem Sweet Spot** des Schlägers. Golfschläger besitzen – wie beispielsweise auch Tennis-, Hockey- oder Cricketschläger – einen Punkt, an dem die Bewegungsenergie am effektivsten auf den Ball übertragen wird – den Sweet Spot. Wird der Ball zum Beispiel mit der Hacke des Schlägers getroffen, verdreht sich der Schläger im Treffmoment in den Händen gegen den Uhrzeigersinn. Die Energie, die dadurch verloren geht, fehlt dann dem Ball. Wird der Ball zum Beispiel mit einer Stelle des Schlägerkopfes, die über dem Sweet Spot liegt, getroffen, so kommt der Schläger zu tief (in den Boden), und der Ball wird deutlich an Länge verlieren. Das vertikale Treffen des Sweet Spots sorgt daher für die richtige Bodenmenge.

Die Geschwindigkeit des Schlägerkopfes im Treffmoment ist von wesentlicher Bedeutung, jedoch nicht allein bestimmend; alle anderen Faktoren können die Schlaglänge ebenso reduzieren, wenn sie fehlerhaft sind.

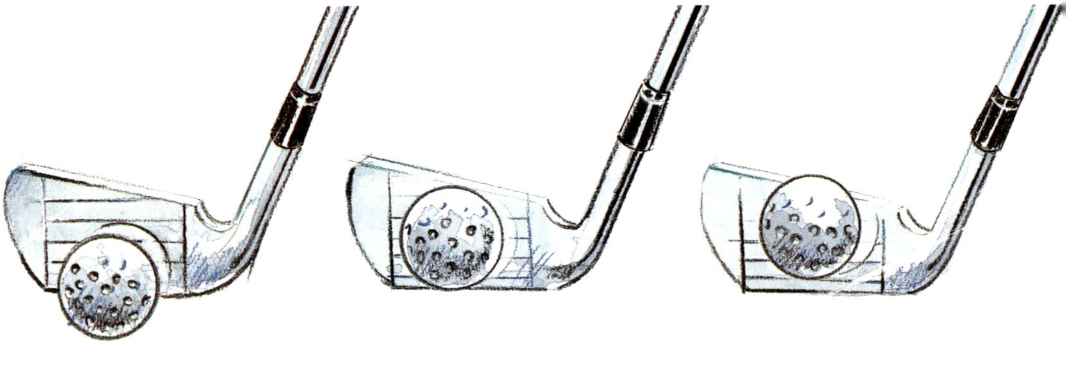

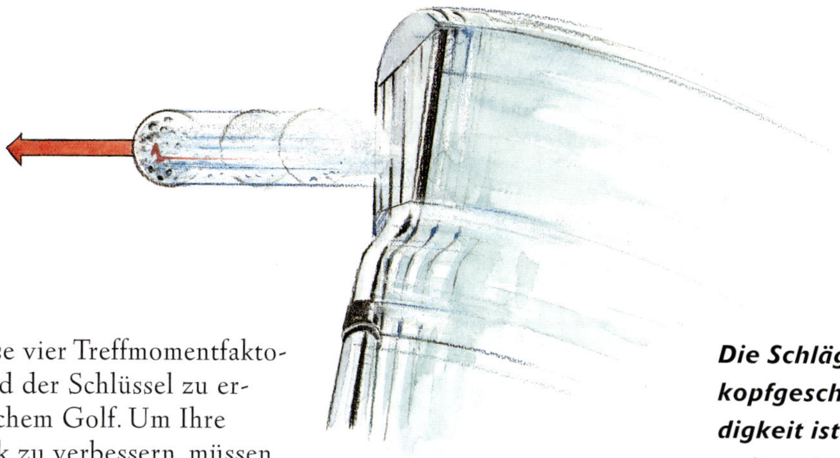

Diese vier Treffmomentfaktoren sind der Schlüssel zu erfolgreichem Golf. Um Ihre Technik zu verbessern, müssen Sie herausfinden, wie Ihr Treffmoment vom Idealfall abweicht. Meistens ähneln sich die Fehlschläge, das heißt, sie haben ein bestimmtes Muster. Einen Golfer, der beispielsweise abwechselnd Pull-Slices und Push-Hooks schlägt, trifft man äußerst selten.

Die Schlägerkopfgeschwindigkeit ist neben dem Treffen des Balles mit dem Sweet Spot der entscheidende Faktor für die Flugweite

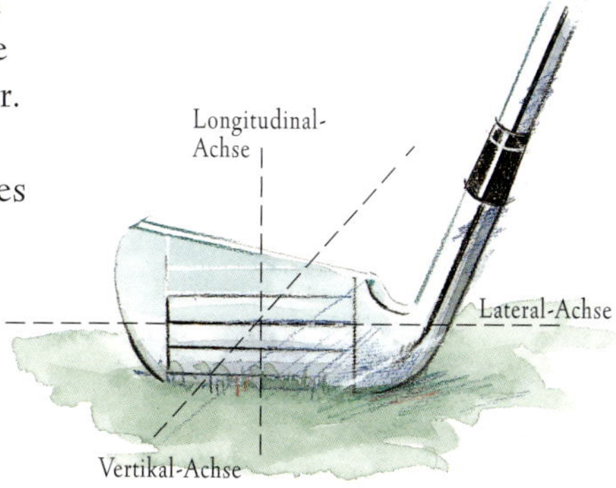

Die Treffmomentfaktoren

Faktor		Bezeichnung	Möglichkeiten
Schlägerblatt	Vertikal-Achse	Schlägerblattausrichtung	Schlägerblatt zeigt: rechts vom Ziel / zum Ziel/ / links vom Ziel
	Longitudal-Achse	dynamischer Schläger-Lie	Schlägerhacke in der Luft untere Schlägerkante parallel zum Boden Schlägerspitze in der Luft
	Lateral-Achse	dynamischer Loft	Schlägerloft im Treffmoment: verstärkt / dem Schläger entsprechend / vermindert
Einfallswinkel	horizontal	Schwungbahn	Schwungbahn von: außen nach innen / innen nach innen / innen nach außen
	vertikal	Eintreffwinkel	Eintreffwinkel: von unten nach oben / richtig / von oben nach unten
Treffpunkt	horizontal	Sweet Spot	Treffen mit: der Schlägerhacke / dem Sweet Spot / der Schlägerspitze
	vertikal	Bodenmenge	Boden: zu wenig (dünn) / richtige Menge / zu viel (fett)
Geschwindigkeit	relativ zum Einfallswinkel	Schlägerkopfgeschwindigkeit	Schlägerkopf: zu langsam / richtige Geschwindigkeit / zu schnell

Geometrie des Schwunges

In diesem Abschnitt will ich Ihnen die Grundlagen der Geometrie näherbringen, die für den Schwung von Bedeutung sind und gegen die kein erfolgreicher Spieler verstößt. Schläger in einer kreisähnlichen Bahn auf einer schrägen Ebene um den Körper schwingt, wird der Schläger die Ziellinie nach innen (in Richtung des Golfers) verlassen,

Da der Ball seitlich und auf dem Boden liegt, schwingt der Schläger von innen nach innen durch den Ball ...

Da es unmöglich ist, über dem Ball zu stehen und einen vollen Schwung durchzuführen, hat man keine andere Wahl, als sich – je nachdem, ob man Links- oder Rechtshänder ist – auf eine Seite des Balles zu stellen. Wenn nun der beim Abschwung der Ziellinie wieder von innen näher kommen und nach dem Treffmoment wieder nach innen schwingen. (Es entstehen zahlreiche Probleme, wenn der Schläger von innen nach außen oder von außen nach innen durch den Ball schwingt.) Man sollte deshalb nicht versuchen, den Schlägerkopf während des Schwunges so lange wie möglich über der Ziellinie zu halten. Nur im Treffmoment bewegt sich der Schläger für einen winzigen Augenblick in Richtung Ziel. Der Schlägerkopf befindet sich zu keiner Zeit außerhalb der Ziellinie.

Bei einem korrekten Schwung schwingt der Schläger von innen nach innen durch den Ball. Bei Hölzern ist die Schwungkurve aufgrund des längeren Schaftes und des hierdurch bedingten größeren Abstandes des Spielers zum Ball ausgeprägter als bei den Eisen.

Da sich der Ball auf dem Boden befindet, muß der Schläger beim Ausholen nach oben, beim Abschwung nach unten und im Durchschwung wieder nach oben geschwungen werden. In dem Moment, in dem der Schläger den Ball trifft, sollte sich der Schläger in der Nähe des Scheitelpunktes des Schwungbogens befinden. Bei Schlägen mit den Eisen kann sich dieser Punkt vom Golfer aus gesehen leicht links vom Ball befinden. Man sollte nicht versuchen, den Schlägerkopf durch den Ball hindurch nach oben schwingen zu lassen, damit der Ball in die Luft kommt. Dies wird allein schon durch den Loft (Schlagflächenneigung) des Schlägers erreicht.

... und bewegt sich im Verlauf des Schwunges nach oben, nach unten und wieder nach oben

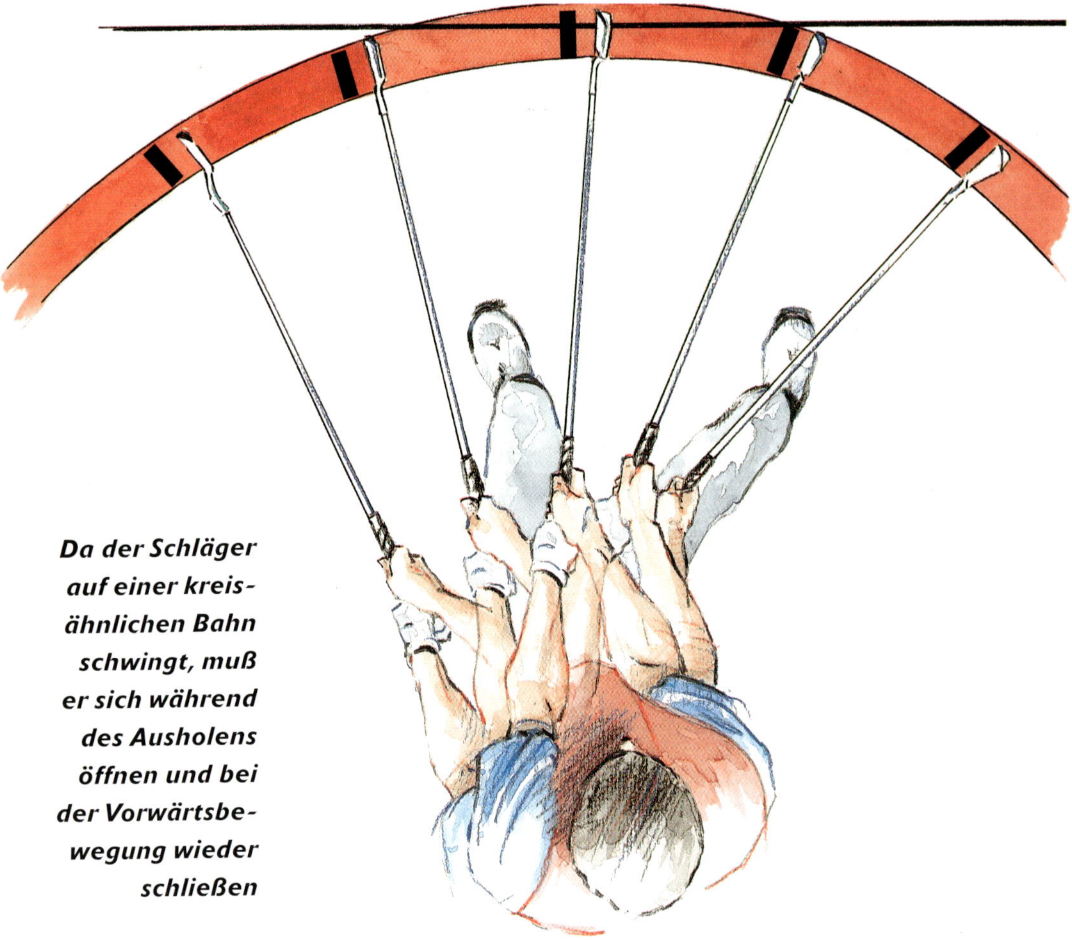

Da der Schläger auf einer kreisähnlichen Bahn schwingt, muß er sich während des Ausholens öffnen und bei der Vorwärtsbewegung wieder schließen

Da sich der Schlägerkopf nicht auf einer Geraden bewegen kann, ist es auch nicht möglich, das Schlägerblatt während des ganzen Schwunges senkrecht zur Ziellinie zu halten. Bei einer Schwungkurve von innen nach innen ergibt sich automatisch ein Öffnen des Schlägerblattes während der Ausholbewegung und ein Schließen in der Vorwärtsbewegung. Der Schläger ist also nur zu Beginn des Schwunges und im Treffmoment senkrecht zur Ziellinie.

Viele Golfer versuchen, um gerade zu schlagen, das Schlägerblatt so lange wie möglich gerade zu halten. Dies steht aber im Widerspruch zum Verhalten eines in einer kreisförmigen, schrägen Ebene schwingenden Schlägers und wird ein gerades Auftreffen des Schlägerkopfes mit hoher Geschwindigkeit auf den Ball eher verhindern.

Wiederholbarkeit des Schwunges

Weiter oben hatte ich erklärt, daß die Art und Weise, wie der Schläger richtig an den Ball kommt, nebensächlich ist, solange das Resultat wiederholbar ist. Nicht der ein oder andere befriedigende Schlag, sondern konstant gute Schläge können, um eine komplette Runde erfolgreich abzuschließen, nur das Ziel jedes Golfspielers sein.

Grundlage für die Wiederholbarkeit eines Schwunges ist eine jederzeit nachvollziehbare, unkomplizierte Bewegung, denn ein Golfschwung mit überflüssigen oder kompensatorischen Bewegungen wird nur schwer zu wiederholen sein.

Ziel ist es also nicht nur unter Berücksichtigung aller Treffmomentfaktoren den Ball richtig zu treffen, sondern dies auch so einfach und effizient wie möglich zu erreichen. Die beiden entscheidenden Faktoren sind hierbei die Schlägerebene und die Körperbewegung. Damit während des Schwunges keine Ausgleichsbewegungen im Hinblick auf den Schläger nötig werden, darf sich die Schräge, die der Schlägerschaft zu Beginn in der Ansprechposition hatte, während des ganzen Schwunges nicht verändern. Am einfachsten ist dieser Vorgang, wenn die Wirbelsäule während des ganzen Schwunges ungefähr an derselben Stelle bleibt. Das Verständnis der auf den vorangegangenen Seiten beschriebenen Grundlagen ist eine nötige Voraussetzung für die folgenden Erklärungen zur Technik.

Während des Schwunges soll sich die Schräge des Schlägers und die Position der Wirbelsäule nicht verändern

GRIFF

Der richtige Griff ist die Voraussetzung für ein gerades Schlägerblatt im Treffmoment und das richtige Abwinkeln der Handgelenke, also für Schlagrichtung und -länge.

Beim Greifen eines Schlägers sollte man mit großer Sorgfalt vorgehen, denn der Griff ist der entscheidende Faktor für die Schlägerblattausrichtung im Treffmoment – der wichtigste Treffmomentfaktor. Werden die Hände verdreht an den Schläger gelegt, so wird das Schlägerblatt auch meist verdreht an den Ball kommen und diesen niemals in die beabsichtigte Richtung schlagen. Ferner verhindert ein fehlerhafter Griff häufig ein richtiges Abwinkeln der Handgelenke – die wichtigste Voraussetzung für eine hohe Schlägerkopfgeschwindigkeit.

Obwohl ein richtiger Griff also grundlegend für Richtung und Länge der Schläge ist, wird er von Spielern aller Leistungsklassen meist sträflich vernachlässigt. Dieser Aspekt der Technik erscheint vielen langweilig und unwichtig, zumal sie etwaige Fehler meist nur im Schwung vermuten.

Mit einem fehlerhaften Griff können Sie sich jedoch keinen korrekten Schwung aneignen, denn Sie müßten, um den Ball gerade zu schlagen, während des Schwunges umständliche Ausgleichsbewegungen machen. So wird Ihnen beispielsweise die Schwungtechnik von Chip Beck nichts nützen, wenn Sie den Schläger nicht genauso greifen wie er.

Zu Beginn werde ich Ihnen das Grundkonzept des richtigen Griffes beschreiben und danach die zwei Details, mit denen der Griff individuell angepaßt werden kann – denn einen universellen Griff für alle Golfer gibt es nicht.

Grundlegende Grifftechnik

Der Schlägergriff läuft schräg durch die linke Hand

Die auf den nachfolgenden Seiten beschriebene Grifftechnik hat sich beim Schwung bewährt. Sie gewährleistet am ehesten, daß der Schläger immer wieder richtig auf den Ball auftrifft.

Linke Hand

Legen Sie die linke Hand so an den Schläger, daß der Griff am unteren Berührungspunkt das erste Glied des Zeigefingers kreuzt und am oberen Ende direkt unter dem Handballen liegt. Um den Schläger sicher in diese Stellung zu bringen, lassen Sie den linken Arm ganz entspannt an der linken Seite herunterhängen, krümmen die Finger und lassen dann den Schläger in die Finger fallen.

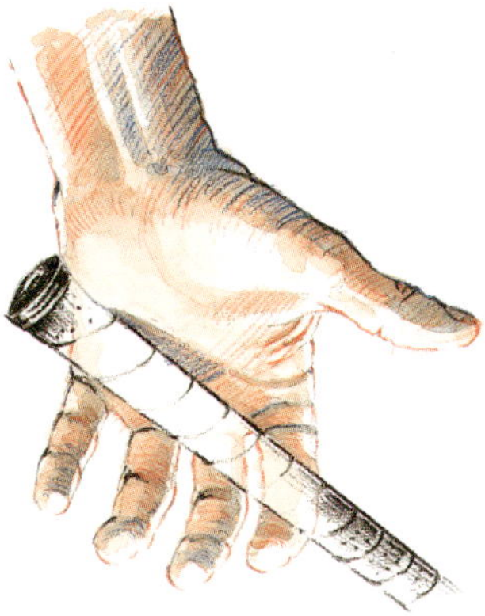

Die Finger halten den Schläger von unten; der Handballen von oben

Die linke Hand legt man am besten an der linken Körperseite an den Schläger

Hierbei liegen dann der Hand- und Daumenballen sowie der Daumen automatisch oben auf dem Griff. Der Schläger wird zwischen Handballen, Daumenballen und Daumen von oben und den Fingern von unten eingeklemmt und so umfaßt, daß die Kappe des Griffes sich auch diese Stelle. Die optimale Position des Daumens liegt genau zwischen diesen beiden Punkten. Durch diese Position wird dafür gesorgt, daß der Schläger nicht zu weit zurückschwingen kann, denn je „kürzer" der Daumen auf dem Schlägergriff liegt, desto stär-

Die Kappe des Griffes muß noch zu sehen sein (l.)

Bei einem neutralen Griff kann man zwei Knöchel sehen (M.)

Der häufigste Fehler: Der linke Daumenballen liegt zu weit links (l.)

(manchmal findet man auch einen Ring um den letzten Zentimeter des Griffes) noch zu sehen ist.

Der linke Daumen wird leicht rechts von der Mitte auf die Oberseite des Schlägergriffes gelegt. Die richtige „Länge" des Daumens läßt sich finden, indem Sie ihn zunächst so weit wie möglich ausstrecken und sich die Stelle, bis zu der der Daumen reicht, merken. Danach führen Sie ihn so weit wie möglich zurück und merken

ker wird das Ausholen eingeschränkt. Je „länger" der Daumen ist, desto stärker werden die Handgelenke in ihrer Bewegungsfreiheit eingeschränkt. Letzteres kann bei Hook-Problemen manchmal eine hilfreiche Griffänderung sein.

Wird der Schläger nun mit der linken Hand genau mittig vor den Körper gehalten (die vordere untere Kante des Schlägerkopfes zeigt hierbei senkrecht in die Luft), so sind – vorausgesetzt, der Kopf wird nicht verdreht – die Knöchel des Zeige- und Mittelfingers bei einem neutralen Griff gut zu sehen. Das aus Daumen und oberer Handkante (Verlängerung des linken Zeigefingers) gebildete „V“ zeigt bei einem neutralen Griff auf die Mitte des rechten Schlüsselbeins.

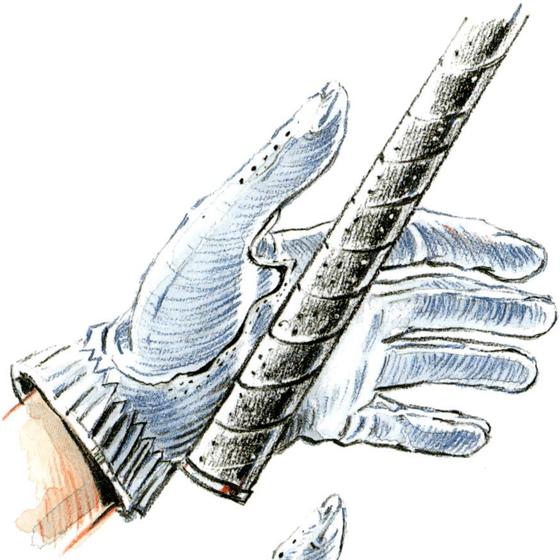

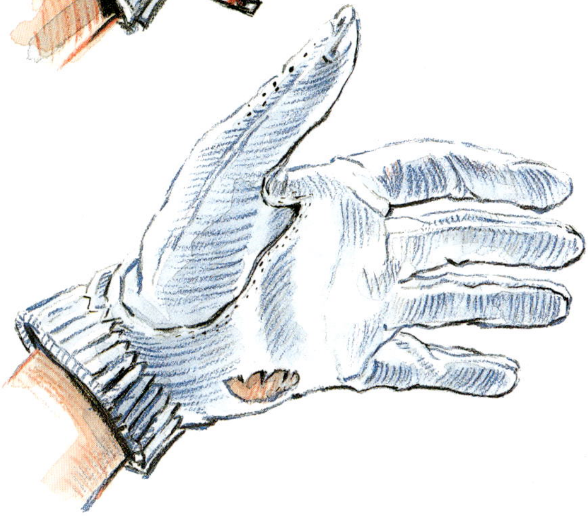

Sind nun mehr oder weniger Knöchel zu sehen, so ist die Hand zu sehr nach rechts beziehungsweise nach links gedreht. Außerdem darf aus dieser Perspektive über die gesamte Handlänge nichts mehr vom Schlägergriff zu sehen sein, sonst ist entweder die Hand zu weit nach links verdreht oder der Kleinfingerballen liegt nicht auf, sondern links neben dem Griff. Der Schlägergriff befindet sich im letzten Fall dann zwischen Kleinfinger- und Daumenballen statt unter beiden. Das Abwinkeln der Handgelenke wird hierdurch extrem erschwert, und die Hand ist hierbei meist zu weit nach links verdreht, was einen Slice verursachen kann. Wenn der linke Handschuh immer am Handballen kaputt geht, ist dies ein sicheres Zeichen für diesen Fehler.

Halten Sie den Schläger beim Greifen der linken Hand in diesem Fall unbedingt neben das linke Bein.

Wenn der Schläger zu steil durch die Hand läuft wird der Handschuh meist am Handballen durchscheuern

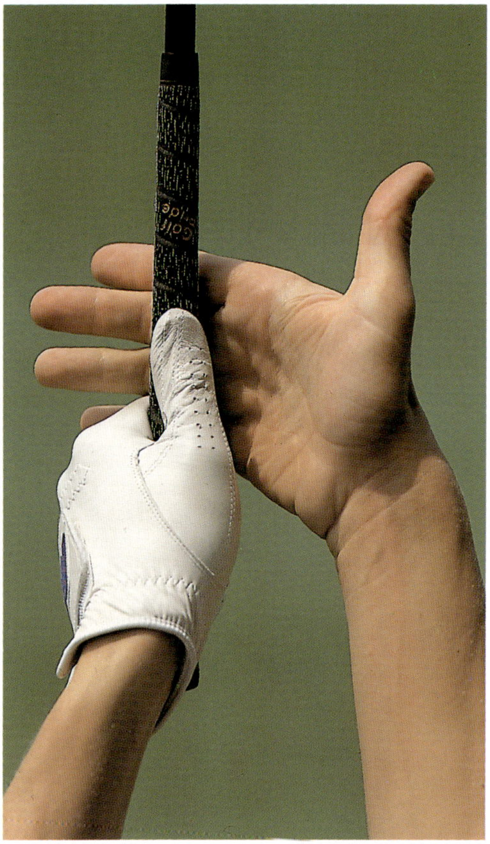

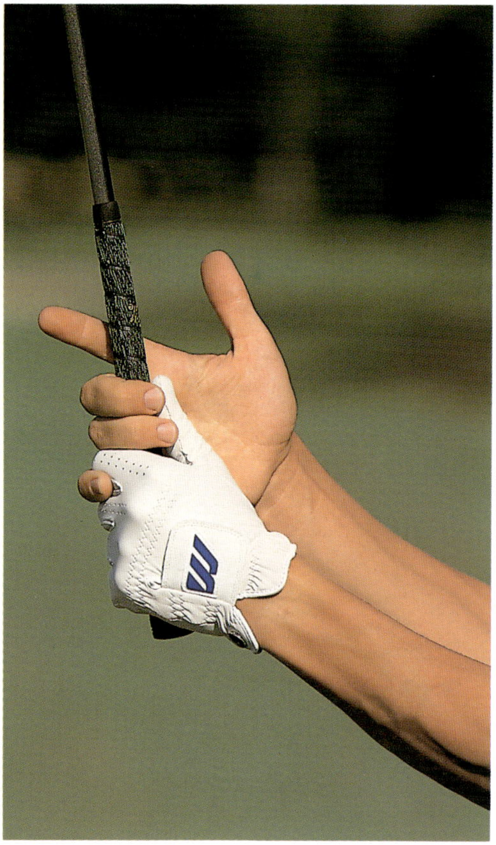

Mittel- und Ringfinger der rechten Hand werden von unten an den Griff gelegt (l.) und schließen mit dem Daumen ab (r.)

Rechte Hand

Um die rechte Hand an den Schläger zu legen, halten Sie den Schläger mit der linken Hand vor die Mitte des Körpers. Nun legen Sie als erstes Mittel- und Ringfinger mit dem ersten Glied von unten an den Punkt des Griffes, der sich auf der gegenüberliegenden Seite des linken Daumens befindet.

Sobald Sie diese beiden Finger geschlossen haben, berühren ihre Spitzen den linken Daumen an dessen linker Seite. Der rechte kleine Finger wird beim Overlapping-Griff in den Spalt zwischen Zeige- und Mittelfinger der linken Hand gelegt. Anschließend wird der Handteller der rechten Hand so über den linken Daumen gelegt, daß der rechte Daumenballen auf der linken Oberseite des linken Daumens ruht. Der Kleinfingerballen der rechten Hand liegt auf der rechten Seite des linken Daumens. Den linken Daumen kann man nun nicht mehr sehen, da er genau in der Kuhle zwischen rechtem

Hand- und Daumenballen liegt und komplett von der rechten Hand verdeckt wird. Der rechte Daumen kommt nun auf der linken Seite des Griffes zur Ruhe, und der rechte Zeigefinger wird, leicht abgespreizt, auf die rechte Seite des Griffes gelegt. Leicht abgespreizt bedeutet, daß sich der rechte Zeigefinger und der rechte Mittelfinger nicht berühren, da eine kleine Lücke zwischen diesen beiden Fingern entstehen soll. Daumen und Zeigefinger berühren sich bis auf Höhe des Daumenendgelenks. Am linken Teil der Unterseite des Griffes werden sich der rechte Zeigefinger und der Daumen abhängig von der Fingerlänge fast oder leicht berühren. Der rechte Daumen kann in dieser Position keinerlei negativen Einfluß mehr nehmen. Bei vielen Golfern rutscht er aber auf die Oberseite des Griffes und kann hierdurch Druck auf den Schläger ausüben.

Außerdem dreht sich hierbei meist die ganze Hand zu weit nach rechts.

Der komplette Griff: in der linken Abbildung aus der Sicht des Golfers (es sind nun auch zwei Knöchel der rechten Hand zu sehen) und in der rechten von schräg vorne gesehen

Die Handrücken stehen nun in einem Winkel von circa 30° zueinander. Eine häufig beschriebene Griffhaltung, bei der die beiden Handrücken wie beim Klatschen parallel zueinander am Schläger liegen, ist unphysiologisch und beeinträchtigt das Abwinkeln der Handgelenke erheblich. Wenn Sie Ihren Oberkörper leicht nach vorne beugen und die Arme ganz entspannt herunter hängen lassen, werden Sie feststellen, daß die Handrücken – würde man die oberen Handkanten vorne zusammenführen – ungefähr einen rechten Winkel bilden. Deshalb sind die Hände auch bei einem korrekten Griff leicht gegeneinander gedreht.

Nur aus dieser Perspektive und ohne den Kopf zu bewegen, macht es Sinn die Anzahl der Knöchel zu überprüfen

Bei entspannt herunterhängenden Armen bilden die Handrücken einen rechten Winkel

Nun können Sie mit der rechten Hand den selben Test machen wie mit der linken: Halten Sie den Schläger genau vor die Mitte des Körpers. Sie müßten nun, ohne daß Sie den Kopf bewegen, bei einem neutralen Griff die Knöchel des Zeige- und Mittelfingers sehen. Aus dieser Perspektive liegen das Mittelgelenk des rechten Zeigenfingers und die Spitze des rechten Daumens auf derselben Höhe. Der Daumen und der Zeigefinger bilden miteinander ein „V“, das bei einem neutralen Griff in etwa auf das rechte Schlüsselbein zeigt.

Beide Hände sollten nun eine Einheit bilden, denn sie sollen zu gleichen Teilen am Schwung beteiligt sein. Mit dem richtigen Griff sollte es Ihnen nun leichtfallen, den Schläger nur durch das Abwinkeln der Handgelenke zur Daumenseite (Radialflexion) vom Boden aus anzuheben. In der angehobenen Position sollte der Winkel zwischen Unterarmen und Schlägerschaft etwa 90° betragen.

Bei einem korrekten Griff muß das Anheben des Schlägers aus den Handgelenken leichtfallen

Individuelle Anpassung des Griffs

Je weiter links (rechts) sich die Hände am Schläger befinden, desto eher wird der Ball nach rechts (links) abdrehen

Da der Griff der entscheidende Faktor für die Schlägerblattstellung im Treffmoment ist, muß die Drehung der Hände am Schläger auf den Ballflug abgestimmt werden. So kann beispielsweise ein Anfänger, bei dem sich das Schlägerblatt in der Vorwärtsbewegung in den meisten Fällen nicht genügend schließt, den Schläger nicht exakt so greifen wie der Tourspieler, der gegen einen Hook ankämpft. Die individuelle Anpassung erfolgt jedoch innerhalb gewisser Grenzen, denn nicht jedes Ballflug-Problem kann mit dem Griff gelöst werden. Beginnen Sie mit dem neutralen Griff, bei dem die Vs beider Hände ungefähr auf die Mitte des rechten Schlüsselbeins zeigen. Sollten Sie am Ballflug feststellen, daß dieser Griff das Schlägerblatt nicht genügend schließt, der Ball also häufig nach rechts abdreht, so drehen Sie beide Hände am Schläger so weit nach rechts, daß die Vs auf Ihre rechte Schulter zeigen. Dreht der Ball bei einem neutralen Griff ständig nach links, so drehen Sie die Hände so weit nach links, bis die Vs auf Ihr Kinn zeigen.

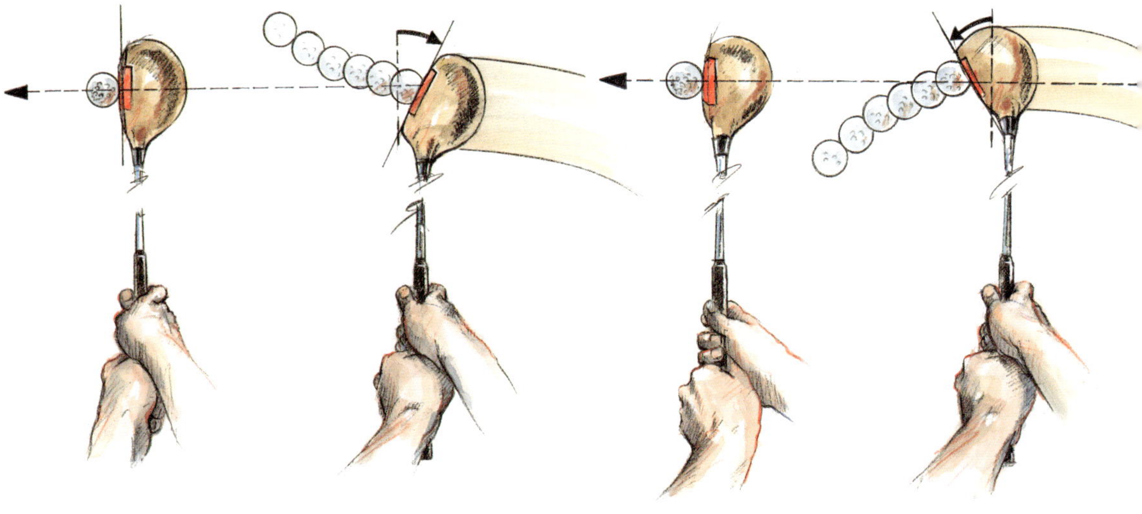

Die zweite individuelle Anpassung wird am kleinen Finger der rechten Hand durchgeführt. Golfer, die sehr kleine Hände haben, können beim Overlapping-Griff (der rechte kleine Finger liegt in dem Spalt zwischen linkem Zeige- und Mittelfinger) Probleme bekommen, da der rechte kleine Finger aufgrund fehlender Länge dauernd aus dem Spalt herausrutscht.

In diesem Fall bietet sich der Interlocking-Griff (Beispiel: Jack Nicklaus, Tom Kite) an, bei dem die beiden kleinen Finger ineinander verschränkt werden. So ist auch bei kleinen Händen deren Zusammenhalt gewährleistet. Bei diesem Griff müssen Sie darauf achten, daß die rechte Hand durch das Einhaken des kleinen rechten Fingers nicht zu weit nach rechts rutscht.

Bei Kindern oder Golfern mit extrem kleinen Händen kann auch diese Alternative unzureichend sein. Hier bietet sich der Zehn-Finger-Griff (auch Baseball-Griff genannt, obwohl diese Bezeichnung nicht ganz richtig ist, da ein Baseballschläger mehr mit den Handflächen gehalten wird, ein Golfschläger aber mehr in den Fingern liegt) an, bei dem alle Finger am Schläger liegen, der rechte kleine Finger und der linke Zeigefinger sich aber trotzdem berühren.

Beim Overlapping-Griff liegt der kleine rechte Finger in dem Spalt zwischen linkem Zeige- und Mittelfinger

Beim Interlocking-Griff werden die beiden kleinen Finger ineinander verschränkt

Beim Baseball- oder Zehn-Finger-Griff liegen alle Finger am Schläger

Griffdruck

Ob Sie den Griff neu erlernen oder ob Sie von einem anderen Griff auf den beschriebenen wechseln, das Gefühl in den Händen wird anfangs ungewohnt, meist sogar unangenehm sein. Auch ein besserer Griff fühlt sich zu Anfang schlechter an. Mit der nötigen Geduld und Konsequenz wird es jedoch nicht lange dauern, bis sich wieder ein vertrautes Gefühl einstellt.

Der optimale Griffdruck ist nur so groß, daß der Schläger nicht aus der Hand rutscht

Es ist eine ganz normale Reaktion, daß sich die Hände bei einem unangenehmen Gefühl verkrampfen. Beim Greifen eines Golfschlägers ist dies jedoch unerwünscht, da die Handgelenke sich während des Schwunges ungehindert bewegen können müssen.

Der optimale Druck ist gerade so groß, daß der Schläger nicht aus der Hand rutscht. Während des Schwunges wird der Druck ohnehin von alleine stärker, so daß kaum die Gefahr besteht, den Schläger zu locker zu greifen (Ausnahme: siehe Seite 34 „Der Griff während des Schwunges“). Ein zu festes Greifen des Schlägers kann auch bei einem sonst korrekten Griff zu einem Slice führen, weil der Schläger hierdurch beim Abschwung häufig zu lange hinter den Händen bleibt (durch ein verzögertes Auflösen des Winkels zwischen linkem Arm und Schlägerschaft kann der Schlägerkopf die Hände dadurch nicht rechtzeitig einholen).

Verdreht sich der Schläger im Treffmoment in den Händen, so liegt dies nicht an einem zu lockeren Griff, sondern daran, daß der Ball nicht mit dem Sweet Spot des Schlägers getroffen wurde. Dies erzeugt eine so starke Kraft, daß selbst ein extrem fester Griff das Verdrehen des Schlägers nicht verhindern kann.

Verdreht sich der Schläger während des Schlages nach links, so wurde der Ball mit der Hacke getroffen; verdreht er sich dagegen nach rechts, mit der Spitze des Schlägerkopfes.

Linke Hand
Der Druck der linken Hand wird nicht, wie häufig beschrieben, mit den letzten drei Fingern (Mittelfinger bis kleiner Finger), sondern hauptsächlich durch Zeigefinger und Klein-

fingerballen ausgeübt. Da der Schläger schräg durch die Hand läuft, ist er zwischen beiden eingeklemmt. Der Druck wird bei zunehmender Zugkraft von alleine größer, da sich der Schläger in der Selbsthemmung befindet. Der linke Daumen, auf den erst im höchsten Punkt des Ausholens Druck kommt, sorgt dafür, daß der Schläger nicht zu weit zurückschwingt.

Rechte Hand
Mittel- und Ringfinger der rechten Hand üben den größten Druck auf den Schläger aus. Daumen und Zeigefinger werden nur auf Höhe des Daumengelenks leicht gegeneinander gedrückt. Auch wenn die meisten Menschen in diesen beiden Fingern das meiste Gefühl haben, dürfen sie jedoch keine bewußte Kraft auf den Schläger ausüben. Auch der kleine Finger bleibt während des Schwunges passiv auf der linken Hand liegen.

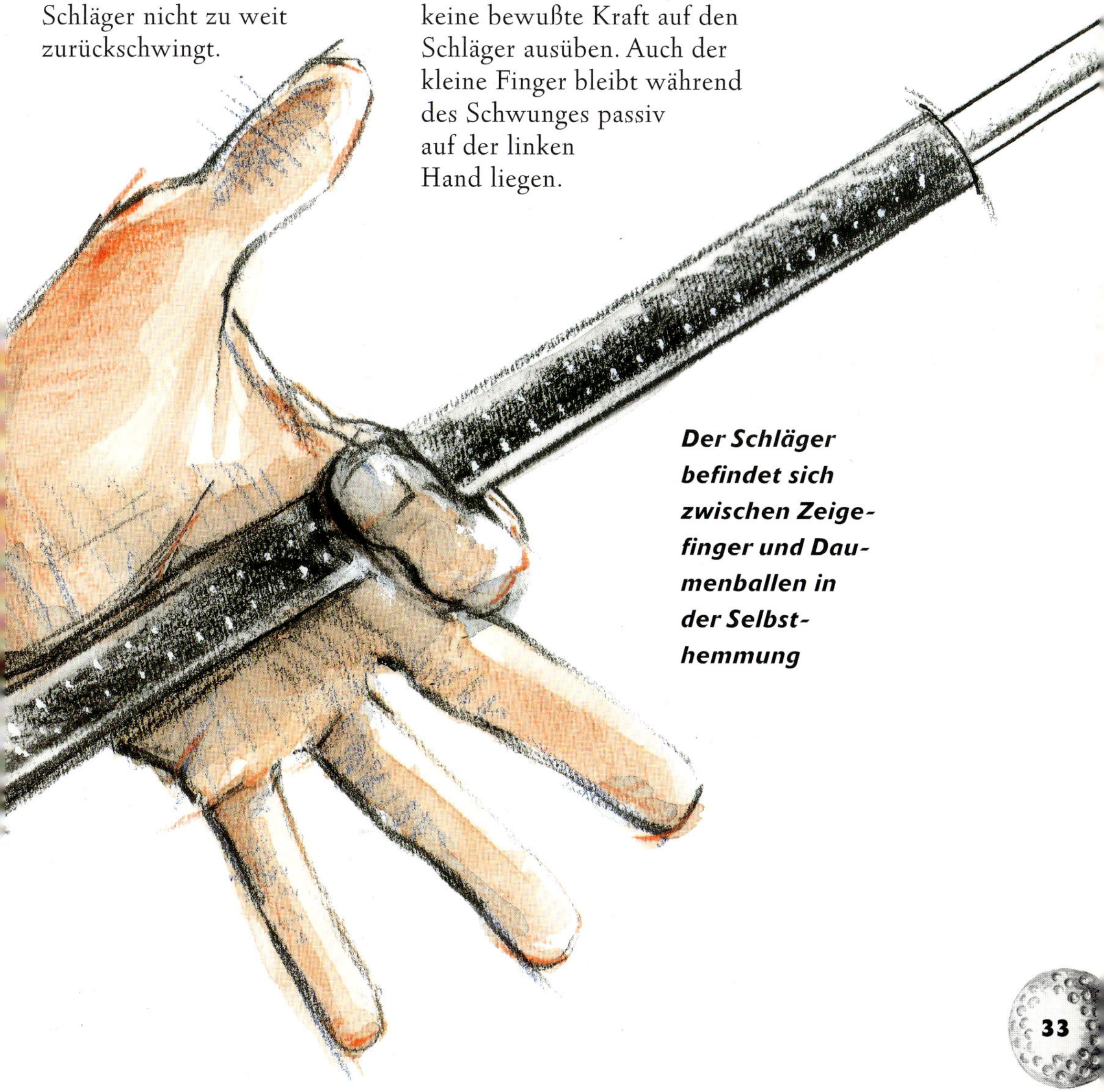

Der Schläger befindet sich zwischen Zeigefinger und Daumenballen in der Selbsthemmung

Griff während des Schwunges

Während des Schwunges darf sich der Griff nicht verändern, dennoch besteht Gefahr, daß er sich vorwiegend an drei Stellen, meist im höchsten Punkt des Ausholens, löst:

- An der Stelle, an der der Kleinfingerballen der linken Hand den Schlägergriff berührt.
- Am Kontaktpunkt zwischen rechtem Daumenballen und linkem Daumen.
- An der Verbindung zwischen Daumen und Zeigefinger der rechten Hand.

Nach einem guten Schlag könnte der Griff prinzipiell ohne Korrektur wiederverwendet werden. In der Praxis sollte der Griff beim Üben auf der Range oder dem Annäherungsgrün jedoch nach jedem Schlag gelöst werden. Dies hat zwei Gründe:

- Die Hände verkrampfen so nicht unnötig.
- Der Griff wird jedes Mal neu geübt.

Das Lösen des Griffes im höchsten Punkt des Ausholens läßt den Schläger zu weit zurückschwingen

Um die Voraussetzung für einen guten Schwung zu schaffen, sollten Sie den Griff täglich üben. Sie brauchen hierzu keinen Golfplatz; Sie können ihn mit einem Schläger auch problemlos zu Hause trainieren.

Griff

- *Der Griff kontrolliert die Schlagfläche (Richtung) und ermöglicht ein Abwinkeln der Handgelenke zur Daumenseite (Schlaglänge).*
- *Der Schlägergriff wird in der linken Hand zwischen Fingern auf der einen und Daumen, Daumen- und Handballen auf der anderen Seite eingeklemmt und hauptsächlich mit den Fingern der rechten Hand gehalten.*
- *Die beiden „Vs" zeigen bei einem neutralen Griff auf das rechte Schlüsselbein.*
- *Der Griffdruck ist nicht größer als beim Händeschütteln.*

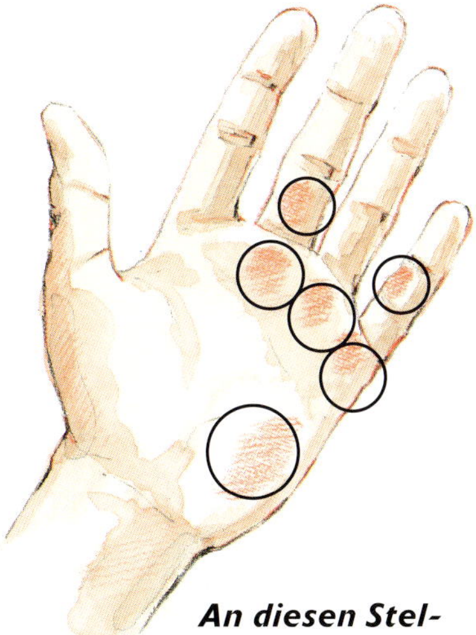

An diesen Stellen der linken Hand können sich auch bei einem korrekten Griff Schwielen bilden

Auch bei einem perfekten Griff bleibt es bei Anfängern und/oder viel Training nicht aus, daß sich an der linken Hand Schwielen beziehungsweise Hornhaut bilden. Die meisten Golfer tragen daher einen Handschuh an der linken Hand. Bei der rechten Hand ist dies nicht nötig, da die Finger hier weniger Kontakt mit dem Schlägergriff haben. Die Zeichnung auf dieser Seite zeigt die Stellen, an denen bei einem korrekten Griff Schwielen entstehen können.

HALTUNG UND STAND

Haltung und Stand sind die Voraussetzungen für die richtige Arm- und Schlägerebene und damit Einfallswinkel und das Treffen des Balles mit dem Sweet Spot.

Ohne Körperwinkel reicht der Schläger nicht bis zum Boden

Sie haben erfahren, daß der Griff für die Schlägerblattausrichtung im Treffmoment verantwortlich ist. Der Schlägerweg, also der vertikale und horizontale Eintreffwinkel (die Faktoren für die Startrichtung und -höhe des Balles), wird maßgeblich durch Haltung, Stand und Ausrichtung bestimmt.

Ich behandle, entgegen der gebräuchlichen Reihenfolge, die Haltung vor dem Stand, da sie erheblich wichtiger ist als die Elemente des Standes und hier auch viel häufiger Fehler auftreten.

Haltung

Als Sie zum ersten Mal Golfer bei der Ausübung ihres Sports sahen, haben Sie sich wahrscheinlich gefragt, warum alle eine so sonderbare Haltung einnehmen, um die Bälle zu schlagen. Der Grund ist nicht sofort erkennbar, aber bei näherer Betrachtung sehr einleuchtend.

Machen Sie dazu einmal folgendes Experiment: Nehmen Sie ein Eisen 6 in die Hände (wie im vorigen Kapitel beschrieben), und stellen Sie sich ganz aufrecht hin. Wenn Sie nun Ihre Arme herunterhängen lassen, stellen Sie fest, daß der Schläger noch nicht einmal bis auf den Boden reicht.

Man muß sich also auf irgendeine Weise kleiner machen, um mit diesem Schläger Golf spielen zu können. Läßt man den Anfänger dies instinktiv durchführen, krümmt er seinen Rücken so weit, bis der Schläger in akzeptabler Entfernung auf den Boden reicht. So ist es zwar möglich, Golfbälle zu schlagen, es wird Ihnen aber nicht gelingen, diese Haltung während einer vollen Ausholbewegung beizubehalten. Deshalb würden Sie sich bei dieser Ausgangshaltung im Verlauf der Ausholbewegung zwangsläufig wieder aufrichten. Um den Ball zu treffen, müßten Sie Ihren Rücken während des Abschwungs wieder im gleichen Maße beugen. Dies erfordert viel Geschick und Koordination und ist auf Dauer nicht sehr zuverlässig. Da die Neigung des Oberkörpers die Schwungebene der Schultern und damit auch indirekt die der Arme und des Schlägers vorgibt, sollte auf sie auch größten Wert gelegt werden.

Eine Haltung, die während des Schwunges beibehalten werden kann und die richtigen Schwungebenen vorgibt, erreichen Sie, indem Sie sich durch entsprechende Winkelstellungen von Knie- und Hüftgelenken kleiner machen.

Anfänger bringen meist den Schlägerkopf auf den Boden, indem sie ausschließlich den Rücken krümmen

Kniewinkel

Der Kniewinkel ist der Winkel, der von Ober- und Unterschenkel gebildet wird. Es ist beim Golf jedoch nicht richtig, im herkömmlichen Sinn „in die Knie zu gehen“, man geht – wie ich es nenne – „in die Oberschenkel“. Dazu winkelt man die Beine in den Kniegelenken an, ohne die Knie nennenswert nach vorne zu bringen. Das Becken wird so weit nach hinten abgesenkt, bis sich die tastbaren Teile der Oberschenkelknochen (große Rollhügel) senkrecht über den Fersen befinden. Die Kniescheiben sind nun senkrecht über den Fußballen, und das Körpergewicht liegt auf den Fersen. Die in dieser Form noch schlechte Haltung wird durch den richtigen Hüftwinkel korrigiert.

Beim Golf geht man nicht in die Knie (l.) sondern in die Oberschenkel, ohne die Knie nennenswert nach vorne zu bringen (M.)

Die Hüftknochen befinden sich über den Fersen und die Schultern über den Kniescheiben und den Fußballen

Hüftwinkel

Der Hüftwinkel ergibt sich durch die Stellung von Oberkörper und Oberschenkel zueinander. Aus der vorher beschriebenen Position neigt man nun seinen Oberkörper aus dem Hüftgelenk so weit nach vorne, bis sich, aus der seitlichen Perspektive gesehen, der hintere Teil der Schultern senkrecht über den Kniescheiben befindet. Hierbei ist darauf zu achten, daß weder der Rücken stark gekrümmt noch eine Hohlkreuzposition eingenommen wird und sich die Haltung der unteren Körperpartie dabei nicht verändert. Die Wirbelsäule ist nun um 30–35° nach vorne geneigt. Wird der Oberkörper etwas weniger nach vorne geneigt, so daß sich die Mitte der Schultern senkrecht über den Kniescheiben und den Fußballen befindet, so ist dies auch akzeptabel. Wichtig dabei ist, daß das Körpergewicht gleichmäßig zwischen Fersen und Ballen verteilt ist.

Bei zu geraden Beinen muß der Oberkörper zu weit gebeugt werden (→ zu großer Abstand zum Ball)

Ist der Oberkörper zu aufrecht, müssen die Beine stark angewinkelt werden (→ zu geringer Abstand zum Ball)

Das Einnehmen der korrekten Haltung, wie eben beschrieben, stellt nur einen Lernweg dar, der, sobald man ihn beherrscht, in der Praxis nicht mehr angewandt werden muß. Da es für den ungeübten Sportler nicht so einfach ist, in die richtige Haltung zu kommen, sollte er anfangs einen seitlich aufgestellten Spiegel zu Hilfe nehmen.

Anfänger glauben zunächst, die beschriebene Haltung sei unnatürlich. Viele tun sich auch deshalb so schwer, eine gute Haltung zu erlernen, weil sie in der richtigen Haltung das Gefühl haben, albern auszusehen. Beim Sitzen auf einem Stuhl kann man ein ähnliches Phänomen beobachten: Sitzt man mit wirklich geradem Rücken auf einem Stuhl, empfindet man dies als unbequem und unnatürlich. Setzt man sich jedoch bequem (mit gekrümmtem Rücken) auf einen Stuhl, nimmt man eine wirbelsäulenschädigende Sitzposition ein, die dazu noch unästhetisch aussieht. Vergleichen Sie doch einmal die Haltung des Golfers mit geraden Beinen und krummen Rücken mit der richtigen, und Sie werden feststellen, daß letztere ästhetischer und sportlicher aussieht.

Die korrekte Haltung beim Golf muß deshalb nicht bequem sein. Die meisten Spieler verspüren zu Anfang eine leichte Spannung im oberen Lendenbereich. Dies zeigt an, daß die entsprechende Muskulatur mehr beansprucht wird. Doch nach einiger Zeit des Übens verschwindet diese Spannung von selbst. In der richtigen Haltung hat man

durch die Muskelanspannung das Gefühl „geladen" zu sein, bereit, eine Bewegung durchzuführen – ähnlich einem Sprinter in der Startposition.

Da ich in meinem Unterricht sehr häufig mit dem Problem konfrontiert werde, daß meine Schüler nur ungern die korrekte Haltung einnehmen, weil sie ihnen unnatürlich erscheint, will ich Ihnen eine weitere Erklärung geben.

Stellen Sie sich vor, Sie müßten eine schwere Golftasche auffangen, die von oben herunterfällt. Wie würden Sie sich instinktiv hinstellen? Mit Sicherheit nicht völlig gerade mit ausgestreckten Armen. So können Sie zwar etwas Leichtes auffangen, ein schwerer Gegenstand würde Ihre Arme, die in dieser Haltung alleine die erforderliche Kraft aufbringen müßten, überfordern. Sie würden, ohne viel darüber nachzudenken, eine athletischere Position einnehmen, bei der der Körper etwas gebückter steht und sich die Oberarme eng am Körper befinden. Und genau diese Haltung ist auch im Golf das Ziel. Die athletische Haltung ist die Voraussetzung für korrekte Körperbewegungen während des Schwunges.

Wenn man nur die Arme ausstreckt, kann man keinen schweren Gegenstand auffangen (l.); in einer athletischen Haltung ist das kein Problem (r.)

Arme, Hände und Schläger

Die Arme können in der richtigen Haltung entspannt und fast senkrecht herunterhängen. Die Oberarme haben mit dem Oberkörper bis auf halbem Wege zum Ellbogen Kontakt. Zwischen den Oberschenkeln

Die Haltung ist bei allen Schlägern gleich, da das Griffende bei allen Schlägern immer den gleichen Abstand zum Boden hat

und den Händen sollte etwa eine Faust Platz haben. Wenn dies alles beachtet wird, der Schläger mit seiner ganzen Sohle auf dem Boden aufliegt und das Körpergewicht auf Fersen und Ballen gleichmäßig verteilt ist, stimmt auch der Abstand zum Ball. Weiterhin ist zu beachten, daß sich in der richtigen Haltung aus der seitlichen Perspektive zwischen Unterarmen und Schläger ein Winkel gebildet hat. Je kürzer der Schläger ist, desto größer wird dieser Winkel durch den größeren Lie sein, was sich auch in einem stärkeren Abwinkeln der Handgelenke zur Kleinfingerseite zeigt.

Dies ist die komplette Haltung aus der seitlichen Perspektive

Von diesem Detail abgesehen, ist die Haltung bei den vollen Schlägen bei allen Schlägern gleich, denn diese sind so konstruiert, daß das Griffende unabhängig von der Schaftlänge immer den gleichen Abstand zum Boden hat.

Kopfhaltung

Der Kopf sollte sich ungefähr in gerader Verlängerung der Wirbelsäule befinden. Viele neigen dazu, den Kopf zu stark nach unten zu senken, damit sie den Ball besser sehen. Richtig ist allerdings, den Ball etwas „hochnäsiger" anzuschauen, da die linke Schulter bei der folgenden Körperdrehung unter das Kinn passen soll, ohne daß sich die Schultern auf einer zu steilen Ebene drehen. Golfspieler, die fälschlicherweise ständig dazu angehalten werden, ihren Kopf während des Schwunges still und „unten zu lassen", neigen noch eher dazu, ihr Kinn schon beim Ansetzen in die Brust zu vergraben. In einer solchen Haltung ist es fast unmöglich, einen richtigen Golfschwung auszuführen. Von vorne gesehen sollten die Augen eine waagerechte Linie bilden, das heißt, der Kopf sollte nicht seitlich gekippt werden, da dadurch zum einen das Gleichgewichtsgefühl beeinträchtigt und zum anderen die Startrichtung des Schlägers negativ beeinflußt wird.

Stand

Der Golfer steht bei Schlägen mit mittleren Eisen schulterbreit. Die Hände befinden sich leicht links von der Körpermitte

Standbreite
Hinsichtlich der Standbreite (Abstand der Füße zueinander) muß man einen Kompromiß zwischen gutem Drehvermögen und hoher Standfestigkeit finden. Je weiter die Füße auseinander sind, desto sicherer wird zwar der Stand, aber um so schwieriger wird es, sich kom-

plett aufzudrehen. Daher ist der optimale Stand bei den meisten Golfern ungefähr schulterbreit. Das heißt in diesem Fall, daß sich die Schienbeine (also die Mitte der Füße) senkrecht unter den Außenseiten der Schultern befinden. Sportliche Golfer stehen generell etwas breiter; eher unbewegliche etwas schmaler. Dies gilt für mittellange Schläger (Eisen 7–5); bei längeren Schlägern ist der Stand ein wenig breiter, bei kürzeren etwas schmaler.

Füße und Knie

Der linke Fuß wird etwa 25° nach außen gedreht, um das „aus dem Weg drehen" der unteren Körperhälfte in der Vorwärtsbewegung zu erleichtern. Der rechte Fuß wird fast senkrecht zur Ziellinie gestellt und nur ganz leicht nach außen gedreht, da die untere Körperhälfte beim Ausholen weniger gedreht wird als bei der Vorwärtsbewegung und der Fuß in dieser Stellung besseren Widerstand bietet, als dies bei einem nach außen gedrehten Fuß der Fall wäre. Beim Werfen eines Schlagballes oder Schlagen eines Baseballs geschieht genau dasselbe: der hintere Fuß wird senkrecht zur Wurf- beziehungsweise Schlagrichtung gestellt. Die Knie befinden sich aus der frontalen Perspektive fast senkrecht über den Füßen.

Gewichtsverteilung

Da die rechte Hand den Schläger weiter unten greift als die linke und sich dadurch auch etwas weiter vorne befindet, ist auch die rechte Schulter etwas unterhalb der linken. Dies führt dazu, daß der ganze Oberkörper ein wenig nach rechts gekippt ist. Würde man einen Golfer in dieser optimalen Haltung mit beiden Füßen auf jeweils eine Waage stellen, so ließe sich wahrscheinlich eine Gewichtsverteilung von 51 Prozent auf der rechten Seite und 49 Prozent auf der linken feststellen. Dieser Unterschied ist aber kaum wahrnehmbar.

Spieler, die mit der Gewichtsverlagerung während der Ausholbewegung Probleme haben, versuchen immer wieder, diese zu umgehen, indem sie ihr Gewicht schon in der Ansprechposition stark auf den rechten Fuß verlagern. Hiervon muß ich allerdings abraten, da bei dieser Vorgehensweise im höchsten Punkt der Ausholbewegung meist genauso wenig Gewicht auf den rechten Fuß kommt, die Balance sich jedoch weiter verschlechtert.

Die Gewichtsverteilung bezüglich Fersen und Fußballen wurde schon bei den Erklärungen zur Haltung beschrieben: das Gewicht ist gleichmäßig auf Fersen und Fußballen verteilt, wobei die Betonung mehr auf den Fußballen liegen kann.

Lage des Balles

Die Lage des Balles ist abhängig von der Länge des gewählten Schlägers. Der Grund ist einleuchtend: Bei einem Schlag mit einem kurzen Eisen ist man im Vergleich zu einem mit einem Holz mehr an der Genauigkeit interessiert als an der Schlaglänge.

Genauigkeit wird durch starken Rückwärtsdrall des Balles, der für Flugstabilität und Flughöhe sowie eine geringe Rollstrecke nach der Landung sorgt, gefördert. Der Rückwärtsdrall wiederum wird durch einen steilen Eintreffwinkel des Schlägers in den Ball verstärkt; je näher der Ball am rechten Fuß liegt, desto steiler wird der vertikale Eintreffwinkel sein. Deshalb sollte der Ball bei einem Schlag mit einem kurzen Eisen (Sand-Wedge-Eisen 8) in der Mitte des Standes liegen.

Schlägt man mit einem Holz, will man vor allem weit schlagen. Ein übermäßig starker Rückwärtsdrall ist hier unerwünscht, weil der Ball eine flache Flugkurve erhalten und nach dem Aufprall noch möglichst weit rollen soll. Ebenso würde ein steiler Eintreffwinkel die Schlaglänge reduzieren, da die Kraft des Schlägerkopfes so nicht voll in Richtung Ziel wirken würde. Der Ball wird deshalb bei einem Schlag mit einem Holz fast senkrecht (leicht rechts) vor die Innenseite des linken Schuhabsatzes gelegt. Dies bewirkt, daß er ungefähr im tiefsten Punkt (Scheitelpunkt) des Schwungbogens des Schlägers getroffen wird.

Bei langen und mittleren Eisen liegt die optimale Lage des Balles zwischen diesen beiden Positionen.

Kritiker, die sich für eine gleichbleibende Lage des Balles unabhängig vom gewählten Schläger aussprechen, wenden immer wieder ein, daß sich der vertikale Eintreffwinkel des Schlägers schon aufgrund der steileren beziehungsweise flacheren Armebene bei den unterschiedlichen Schlägern genügend verändert. Um zu erkennen, daß dieser Einfluß aber zu gering ist und darum nicht ausreicht, halten Sie einmal eine flache Scheibe (Schallplatte oder CD) entsprechend dem Lie eines Holzes in einer Schräge von etwa 55 ° vor sich und verändern Sie dann den Winkel auf circa 63 ° (Lie eines Wedges). Von vorne gesehen wird sich die Krümmung am untersten Punkt der Scheibe nur so minimal ändern, daß ersichtlich wird, warum noch weitere Maßnahmen ergriffen werden müssen, um mit einem Holz den Ball vom Tee leicht in der Aufwärtsbewegung und mit einem Wedge deutlich in der Abwärtsbewegung (Divot) zu treffen.

Bei kurzen Eisen liegt der Ball in der Mitte des Standes; bei Hölzern leicht innerhalb des linken Absatzes; bei mittleren und langen Eisen dazwischen

Wenn der Ball zu weit links liegt, zeigt der Schultergürtel links am Ziel vorbei (→ Slice und/oder Pull)

Wenn der Ball zu weit rechts liegt, zeigt der Schultergürtel rechts am Ziel vorbei (→ Hook/Push)

Die Lage des Balles ist nicht zuletzt auch deshalb von Bedeutung, weil sie auch die Schulterausrichtung beeinflußt. Liegt der Ball beispielsweise zu weit links, so wird der Schultergürtel meist auch links am Ziel vorbei zeigen. Aus einer solchen Haltung ist es fast unmöglich, den Schläger auf der richtigen Bahn zurückzuschwingen.

Gleiches gilt natürlich, wenn der Ball zu weit zum rechten Fuß gelegt wird, wobei die Schultern dann rechts am Ziel vorbei zeigen werden und die Schlägerebene während des Schwunges meist nach rechts verkantet wird.

Position der Hände zum Ball

Häufig werden Golfschüler von ihren Lehrern angewiesen, den linken Arm und den Schläger aus der frontalen Perspektive in einer Linie zu halten, damit die Hände auch im Treffmoment wieder vor den Ball kommen. Meiner Ansicht nach besteht bei dieser Handhaltung jedoch eher die Gefahr, daß der Schläger im ersten Teil des Schwunges zu flach zurückgeführt wird. Aufgrund meiner Erfahrung schätze ich den Einfluß der Handhaltung bei der Ansprechposition auf den Treffmoment eher gering ein. Sie sollte in erster Linie ein richtiges Zurückführen des Schlägers gewährleisten.

Die richtige Position der Hände findet man am besten, indem man einen Holzschläger in die Hand nimmt, den Ball wie beschrieben etwa in Höhe des linken Schuhabsatzes positioniert und dann die Hände in eine Position bringt, bei der der Schlägerschaft von vorne gesehen senkrecht zum Boden steht. Dies bedeutet, daß sich die Hände etwas links von der Körpermitte und genau auf Höhe des Schlägerkopfes befinden, der direkt hinter den Ball gestellt wird.

Diese Position der Hände ist bei allen Schlägern und bei allen Ball-Lagen gleich. Das heißt, daß sich die Hände bei den kurzen Eisen vom Ziel aus gesehen vor dem Ball befinden, bei den langen und mittleren Eisen genau auf gleicher Höhe und bei den Hölzern minimal dahinter. Um die Handhaltung zu überprüfen, kann in das Loch am Griffende des Schlägers ein Tee gesteckt werden, das dann auf die linke Körperhälfte zeigen muß.

Haltung und Stand

- *Um sich kleiner zu machen, „geht man in die Oberschenkel" und beugt sich mit geradem Rükken aus der Hüfte nach vorne.*
- *Die Schultern befinden sich aus der seitlichen Perspektive senkrecht über den Kniescheiben und Fußballen.*
- *Das Kinn ist hoch, und der Kopf wird weder gekippt noch gedreht.*
- *Der Stand ist etwa schulterbreit, der linke Fuß wird leicht nach außen gedreht, der rechte senkrecht gestellt.*
- *Die Lage des Balles ist, abhängig vom gewählten Schläger, zwischen der Mitte des Standes (kurze Eisen) und leicht rechts von der Innenseite des linken Schuhabsatzes (Hölzer vom Tee).*
- *Die Hände befinden sich beim Ansetzen leicht links von der Körpermitte.*

VOR DEM SCHWUNG

Zielbestimmung, Zielen, Ausrichten und Auslösen sollen fester Bestandteil einer „Pre-Shot-Routine" werden, die möglichst automatisiert wird.

Beim Zielen kann man leicht den spielstarken vom spielschwachen Golfer unterscheiden. Während sich der Anfänger fast ausschließlich auf den Ball konzentriert, wird sich der Fortgeschrittene mit viel Zeit und Mühe auf das eigentliche Ziel ausrichten, denn er weiß, daß der Ball auch bei einem perfekten Schwung das Ziel nie erreicht, wenn er Schläger und Körper falsch ausrichtet. Warum das Zielen beim Golf sehr schwierig ist, erfahren Sie in diesem Kapitel.

Zielbestimmung

Noch bevor der Schläger aus der Tasche gezogen wird, sollte der Golfer sein Ziel genau bestimmen. Die meisten Amateurgolfer haben auch kurz vor dem Schlag nur eine diffuse Vorstellung davon, wohin sie ihren Ball schlagen wollen. Ferner werden Ziel und Fahne fast immer gleichgesetzt. Dies ist aber in den meisten Fällen falsch. Bei Abschlägen der langen Löcher oder bei Schlägen, bei denen die Fahne nicht erreicht werden kann, speziell bei Schlägen aus dem Rough, ist der sicherste Weg nur selten der geradlinige. Das gleiche gilt natürlich für Schläge auf der Übungswiese. Auf meine Frage, wohin sie zielen, höre ich von Schülern zu häufig die Antwort „Geradeaus". Dies ist jedoch kein konkretes Ziel, denn der Ball kann auf unendlich vielen Wegen geradeausfliegen. Um eine Gerade exakt zu definieren, braucht man zwei Punkte: den Ball und eine Entfernungstafel oder eine Fahne. Anders ist es nicht möglich, nach dem Schlag zu entscheiden, ob er geglückt, das heißt im Ziel gelandet ist.

Auf dem Platz und der Range sollten Sie also stets als erstes ein genaues Ziel festlegen, zu dem Sie Ihren Ball schlagen wollen.

Vor dem Schlag sollte man sein Ziel genau bestimmen. Das ist in den seltensten Fällen genau die Fahne

Zielen

Das Zielen im Golf ist deshalb besonders problematisch, da man parallel zur Ziellinie und nicht auf ihr steht und so die Augen etwas versetzt und ein gutes Stück von dieser Linie entfernt sind. Bei den meisten anderen Sportarten, bei denen es darum geht, ein bestimmtes Objekt in ein Ziel zu befördern (Bogenschießen, Bowling, Boccia, Billard etc.), befindet sich immer ein Auge auf oder über der Ziellinie.

Für den Golfspieler stellt sich nun das Problem, sich mit seinem Körper genau parallel zur Ziellinie auszurichten. Um dies zu erreichen, müßte er in der Lage sein, seinen Kopf um 90° zu drehen, einen Punkt anzupeilen, der sich im gleichen Abstand links vom Ziel befindet, wie seine Füße vom Ball entfernt stehen, und schließlich seine Füße auf diese gedachte, parallel zur Ziellinie verlaufende Linie zu stellen.

Dies wird aber kaum jemandem mit 100prozentiger Genauigkeit gelingen. Stellt man nämlich einen Fuß nur 5 cm zu weit nach vorne oder nach hinten, so hat man sich, eine Standbreite von einem halben Meter vorausgesetzt, bei einem 150 Meter entfernten Ziel schon 15 Meter zu weit nach links oder rechts ausgerichtet!

Auf dem Platz sucht man sich aus dieser Position ein Zwischenziel, das maximal ein Meter entfernt sein sollte

Deshalb ist es im Golf nicht möglich, sich aus der seitlichen Perspektive richtig auszurichten. Hinzu kommt, daß nahezu jeder Golfer beim Zielen auf seine Schlagresultate reagiert. Spieler, die ihren Ball ständig nach links schlagen, werden sich meist immer mehr nach rechts ausrichten, und nach einiger Zeit wird ihnen diese Ausrichtung gerade vorkommen. Nachfolgend nun die einzig richtige Vorgehensweise beim Zielen:

Nach einem eventuellen Probeschwung begibt sich der Golfer vom Ziel aus gesehen hinter seinen Ball. Von hier aus sucht er sich ein sogenanntes Zwischenziel, das 20–100 cm vor dem Ball auf der Ziellinie liegt. Ein Zwischenziel kann zum Beispiel ein altes Divot, ein hervorstechender Grashalm oder ein loser Naturstoff sein. Nachdem der Spieler dieses Hilfsziel bestimmt hat, greift er seinen Schläger und setzt die Schlagfläche so hinter den Ball, daß sie genau zum Zwischenziel ausgerichtet ist. Der Grund für diese Vorgehensweise ist einleuchtend: Es ist natürlich viel leichter, den Schläger auf ein maximal 1 Meter entferntes Ziel auszurichten, als auf eines, das 150 Meter entfernt ist.

Um sich diese etwas zeitaufwendige Prozedur beim Üben auf der Range zu ersparen, kann man sich einen Schläger vor die Füße legen, der parallel zur Ziellinie ausgerichtet ist. Auf dem Platz gibt es jedoch, vorausgesetzt, das Resultat des Schlages ist einem nicht egal, keinen einzigen Grund, nicht wie oben beschrieben vorzugehen.

Beim Üben sollte man sich einen parallel zur Ziellinie ausgerichteten Schläger vor die Füße legen

Ausrichten

Als erstes wird das Schläger-blatt auf das Zwischenziel ausgerichtet . . .

. . . danach wird der Körper im rechten Winkel zur Leading-Edge ausgerichtet

Mit der Schlagfläche postiert der Spieler auch seinen rechten Fuß genau senkrecht zur Ziellinie. Anschließend geht sein Blick über das Zwischenziel sofort wieder zum eigentlichen Ziel. Der Körper ist in dieser Haltung leicht links vom Ziel ausgerichtet. Im nächsten Schritt wird nun der linke Fuß in seine endgültige Position gebracht und der rechte anschließend so korrigiert, daß die Standposition stimmt. Nun ist der Körper parallel zur Ziellinie ausgerichtet. Dies bedeutet, daß die Verbindungslinien der Schultern, Hüften, Knie, Füße und der Unterarme parallel zur Ziellinie verlaufen. Jetzt blickt man nochmals zum Ziel. Bei vielen Anfängern ist der Körper in dieser Phase verkrampft. Ein guter Spieler steht dagegen entspannt am Ball. Einige trippeln mit den Füßen (ähnlich einem Tennisspieler, der auf den Aufschlag des Gegners wartet), andere bewegen den Schläger auf und ab oder führen einen sogenannten „Waggle" aus. Das ist eine Bewegung aus den Unterarmen und Handgelenken, bei der der Schläger hin und her pendelt. Bei verkrampften Händen und Unterarmen würde der Schläger nicht hin und her pendeln, sondern sich nur ruckartig bewegen.

Die Verbindungslinie der Schultern, Unterarme, Hüftknochen, Knie und Füße muß parallel zur Ziellinie sein

Um den Schwung auszulösen kann das rechte Knie kurz vor dem Schwung leicht in Richtung Ziel gedrückt werden . . .

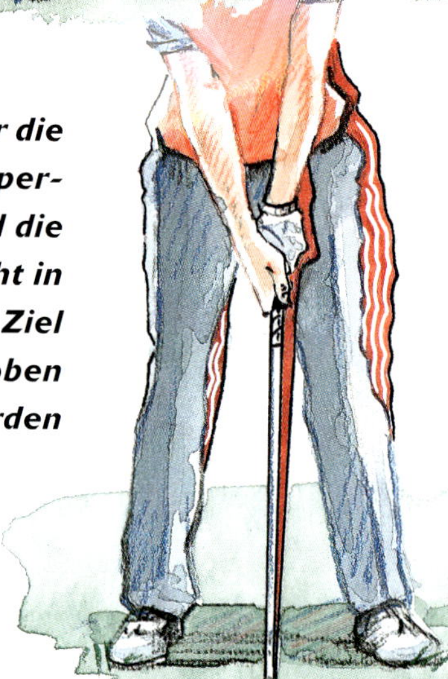

. . . oder die untere Körperhälfte und die Hände leicht in Richtung Ziel geschoben werden

Auslösen

Ein weiteres Problem ist, daß man beim Golf aus einer ruhigen Ausgangsposition sofort eine fließende, rhythmische Bewegung ausführen muß. Bei anderen Ballsportarten (Tennis, Fußball, Basketball etc.) befindet man sich meist schon lange vor dem Ballkontakt in Bewegung. Um dieses Problem etwas besser in den Griff zu bekommen, leiten viele Golfer ihren Schwung mit einem sogenannten Auslöser ein. Dies ist irgendeine Bewegung unmittelbar vor Beginn der Ausholbewegung. Einige drücken das rechte Knie in Richtung Ziel, bevor sie starten (Beispiel: Rodger Davis); andere bewegen den Schläger auf und ab und setzen ihn erst als Auslöser auf den Boden (Beispiel: Nick Faldo). Häufig wird auch ein „Forward-Press" als Auslöser benutzt. Dies bedeutet, daß die Hände ein Stück in Richtung Ziel geschoben werden, bevor mit dem Ausholen begonnen wird. Dies sollte allerdings nur dann gemacht werden, wenn der Schläger trotzdem auf der richtigen Bahn zurückgenommen wird.

Es hat also nicht unbedingt nur Vorteile, daß der Ball beim Golf unbeweglich auf dem Boden liegt. Es wirft gleichermaßen Probleme auf, nicht zuletzt auch mentaler Art. Vor dem Schlag bleibt viel Zeit darüber nachzudenken, was alles schiefgehen könnte. Ziel ist es also, durch einen ganz genau festgelegten Ablauf (Greifen, Probeschwung, Zielen, Ausrichten, Auslösen) vor dem Schlag dafür zu sorgen, daß auch der folgende Schwung immer gleich abläuft (und keine Zeit mehr bleibt, über die Folgen eines eventuellen Fehlschlages nachzudenken). Wer allerdings jeden Schlag unterschiedlich vorbereitet, muß auch damit rechnen, daß auch sein Schwung jedes Mal anders ausfällt.

Vor dem Schwung

- *Legen Sie vor jedem Schlag auf dem Platz und der Range ein genaues Ziel fest.*
- *Suchen Sie sich aus der Perspektive hinter dem Ball ein maximal 1 Meter entferntes Zwischenziel.*
- *Richten Sie dann als erstes Ihren Schläger zum Zwischenziel aus und nachfolgend den ganzen Körper senkrecht zur Leading-Edge.*
- *Um einen „fliegenden Start" zu erzeugen, sollten Sie sich einen Auslöser zum Einleiten des Schwunges aneignen.*
- *Diese „Pre-Shot-Routine" soll Sie in einen immer gleichbleibenden Ablauf bringen, der dazu führt, daß auch der Schwung möglichst immer gleich abläuft und keine Zeit bleibt, über mögliche Folgen von Fehlschlägen nachzudenken.*

SCHWUNG

Das Ziel des Schwunges ist es, das Schlägerblatt wiederholbar mit hoher Geschwindigkeit und dem Sweet Spot an den Ball zu bringen, wobei es in Richtung Ziel zeigt und schwingt.

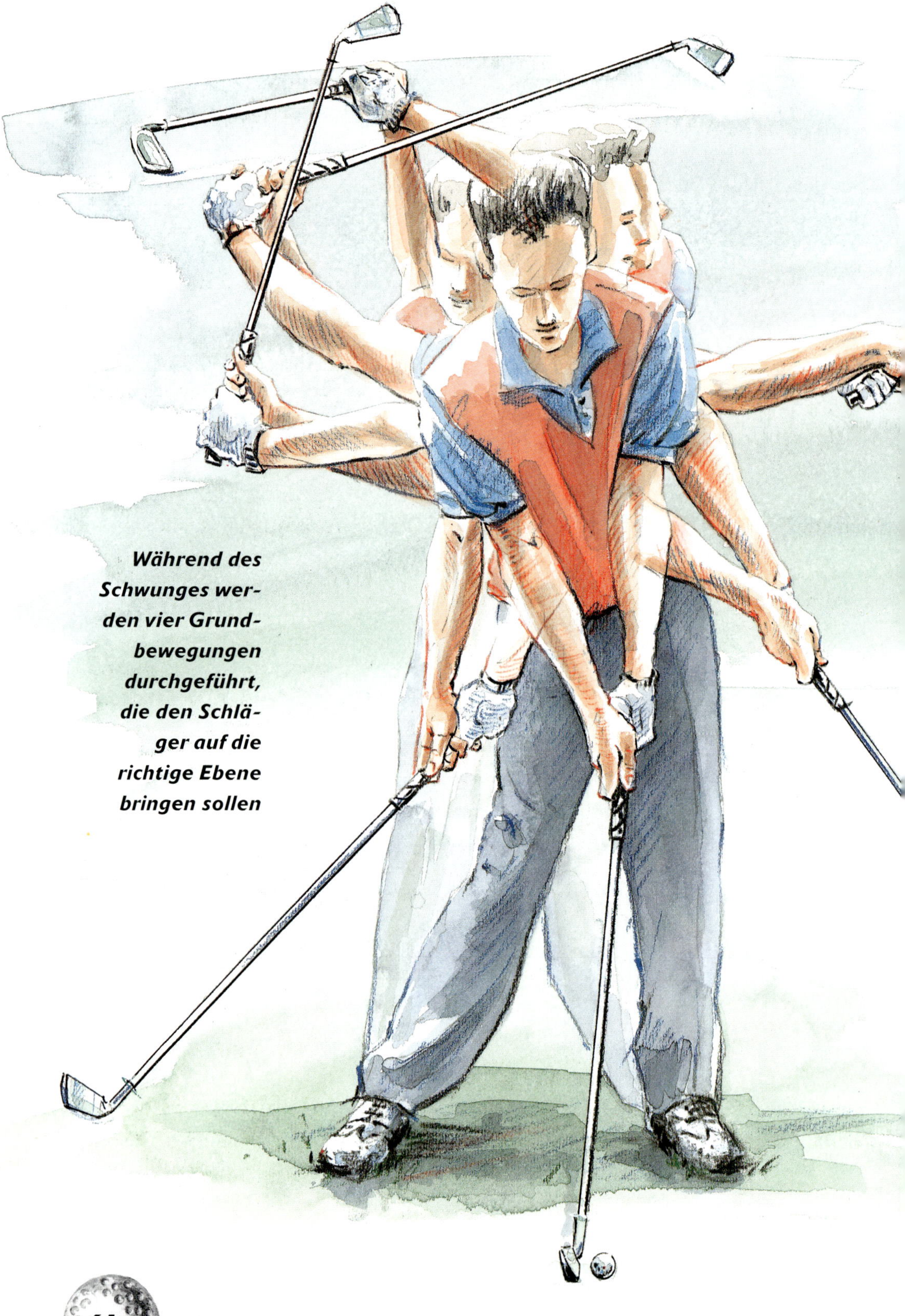

Während des Schwunges werden vier Grundbewegungen durchgeführt, die den Schläger auf die richtige Ebene bringen sollen

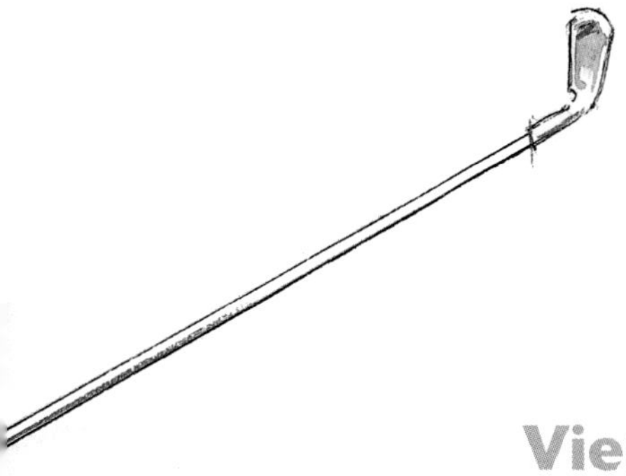

Vier Grundbewegungen

Sie besitzen nun die wichtigsten Voraussetzungen (Griff, Haltung, Stand und Schlagvorbereitung) für den Schwung, der den am schwierigsten zu erlernenden Teil beim Golfspielen darstellt. Was nun noch zu tun bleibt ist, den Schläger auf der richtigen Ebene zu schwingen und dabei genügend Energie zu erzeugen, um den Schlägerkopf auf eine gewisse Geschwindigkeit zu bringen. Um dies zu erreichen, müssen während des Schwunges vier Grundbewegungen durchgeführt werden.

Drehen des Körpers

Der Körper muß sich in der Ausgangshaltung um die Wirbelsäule drehen. Beim Ausholen baut sich hierbei eine muskuläre Spannung zwischen oberer und unterer Körperhälfte auf, da sich der Oberkörper ungefähr doppelt so weit aufdreht (90 °) wie die untere Körperhälfte (45 °). Im folgenden werde ich mich bei der Schulterdrehung immer auf die Veränderung zur Ansprechposition beziehen. Um die eigentliche Schulterdrehung zu ermitteln, müssen Sie die Drehung der unteren Körperhälfte abziehen.

Die Energie dieser Spannung wird dann beim Abschwung freigegeben und bildet die Voraussetzung für eine große Schlägerkopfgeschwindigkeit.

Da sich der Körper in der Ausgangshaltung nur dreht, finden während des Schwunges keinerlei Vertikalbewegungen (Hoch-Tief-Bewegungen) statt. Die Schultern werden deshalb auf einer relativ flachen Ebene, genau senkrecht zur Oberkörperneigung (in der Ansprechposition 30 °), gedreht.

Alle Körperteile, die sich vor der Wirbelsäule als Drehachse befinden (zum Beispiel der Kopf), bewegen sich beim Ausholen nach rechts und bei der Vorwärtsbewegung nach links.

Abwinkeln der Handgelenke

Beim Ausholen werden die Handgelenke in Richtung der Daumenseite (Radialflexion), beim Abschwung zur Kleinfingerseite (Ulnarflexion) abgewinkelt. Die Handgelenke machen aus dem Golfschwung ein Zwei-Hebel-System und können somit die von Körper und Armen erzeugte Kraft vervielfachen. Der richtige Griff, wie auf Seite 20 ff. beschrieben, ist die Voraussetzung für einen korrekten Einsatz der Handgelenke.

Rotation der Unterarme

Die Unterarme rotieren beim Ausholen im Uhrzeigersinn (Pronation des linken Unterarmes; Supination des rechten Unterarmes), bei der Vorwärtsbewegung in umgekehrter Richtung. Dies sorgt dafür, daß der Schläger während des Schwunges immer in der gleichen Schräge bleibt.

Lösen der Arme vom Körper

Die Arme lösen sich beim Ausholen vom Körper nach oben, wobei sich der linke Arm dann im höchsten Punkt der Ausholbewegung von der Seite gesehen in der gleichen Schräge befindet wie der Schlägerschaft in der Ansprechposition. Der Abstand der Oberarme zum Körper muß sich hauptsächlich in der zweiten Hälfte der Ausholbewegung vergrößern, damit die Arme auf die richtige Ebene kommen. Diese Ebene (die Schräge entspricht dem Lie des benutzten Schlägers, also zwischen 55 ° und 63 °) ist damit steiler als die, in der sich die Schultern drehen. Entsprechend dem Lösen der Arme vom Körper nach oben beim Ausholen müssen die Arme beim Abschwung, wenn sich der Oberkörper zurückdreht, wieder nach unten schwingen.

Der Golfer muß sich also hauptsächlich darauf konzentrieren, daß er den Schläger auf der richtigen Bahn bewegt und die Arme auf einer etwas steileren Ebene schwingt, als er die Schultern dreht.

Bei vielen kann man auch Schwünge beobachten, die neben den beschriebenen vier Grundbewegungen zusätzliche, allerdings unnötige Bewegungen aufweisen. Natürlich ist es so auch möglich, gute Bälle zu schlagen, doch leidet verständlicherweise die Beständigkeit, wenn überflüssige Bewegungen und daraus resultierende Kompensationen (Ausgleichsbewegungen) den Schwung unnötig komplizieren. Konstanz ist aber letztendlich das Ziel aller Golfer. Fast allen Spielern gelingen hin und wieder befriedigende Schläge, regelmäßig schaffen das jedoch die wenigsten. Man darf also nicht glauben, der

Schwung sei im Prinzip richtig, weil der ein oder andere Schlag gelingt. Dies ist oft ein Zufallsprodukt, bei dem sich die Fehler gegenseitig aufheben. Es ist zudem ein Irrglaube, daß nur die Schwünge der schlechten Schläge korrigiert werden müssen, um besser zu werden.

Genaue Analysen von Videoaufnahmen beweisen, daß alle Schwünge gleich aussehen, vorausgesetzt, der Golfer befindet sich nicht gerade in einer Schwungveränderungsphase. Reagiert der Ball bei mehreren Versuchen ganz unterschiedlich, so liegt dies vor allem daran, daß ein und derselbe Fehler unterschiedliche Auswirkungen haben kann.

Ebenso irren viele, die glauben, ihre Probeschwünge seien perfekt und der Schwung werde erst dann verkehrt, wenn der Ball hinzukommt. Bei einem Probeschwung weiß man nie, ob der Schlägerkopf wieder exakt an die Stelle kommt, an der er sich in der Ansprechposition befand und der Ball mit dem Sweet Spot getroffen worden wäre. Ebensowenig erfährt man etwas über die Stellung des Schlägerblattes im Treffmoment. So könnten also beide Faktoren, die für den Ballflug von ganz entscheidender Bedeutung sind, beim Probeschwung grundverkehrt sein, ohne daß man es merkt, und zu falschen Schlüssen führen.

Die vier Grundbewegungen, die natürlich auch Bernhard Langer ausführt, dienen dazu, den Schlägerkopf richtig an den Ball zu bringen

Ebenen

Der wichtigste, zugleich mißverständlichste Begriff, wenn es um Golftechnik geht, ist die „Ebene“. Obwohl es viele verschiedene Ebenen aller erdenklichen Körperteile gibt, so sind die drei wichtigsten: Die Schläger-, die Arm- und die Schulterebene.

Auf alle drei Ebenen werde ich später noch (beim Schwung) ausführlich eingehen; vorab jedoch schon ein Überblick.

Dieses Modell zeigt die Ebenen des Schlägers, der Arme und der Schultern

Schlägerebene

Eine der wichtigsten Prinzipien beim Golf ist:

Der Schlägerschaft soll sich während des Schwunges immer in der gleichen Schräge befinden, die er zu Beginn in der Ansprechposition hatte. Ist der Schläger parallel zum Boden, so soll er auch parallel zur Ziellinie sein.

Wenn Sie also Ihren Schwung an einem beliebigen Punkt anhalten, so soll der Schlägerschaft aus der seitlichen Perspektive mit dem Boden immer den Winkel bilden, der dem Lie des jeweiligen Schlägers entspricht.

Wenn der Schläger parallel zum Boden ist (dies ist der Fall, wenn der Schläger in der Ausholbewegung 90° beziehungsweise 270° zurückgelegt hat oder sich im Abschwung 90° vor dem Ball befindet), muß er auch parallel zur Ziellinie sein, das heißt, er zeigt dann minimal links am Ziel vorbei.

Bleibt der Schläger immer in derselben Schräge, wird er höchstwahrscheinlich auch wieder genau an seinem Ausgangspunkt eintreffen. Ist er jedoch auf einer zu flachen Ebene (Schlägerschaft zu horizontal), so wird er meist zu weit nach außen schwingen und den Ball nur mit der Hacke treffen. Darüber hinaus wird er auch zu wenig nach unten schwingen, also meist zu wenig

Der Schläger bewegt sich zu Beginn und während der Treffmomentphase genau auf seiner Ebene

Der Schlägerschaft bleibt immer parallel zur Ebene

Die Arme sind im höchsten Punkt des Ausholens parallel zur Ebene

Boden mitnehmen. Schließlich rotieren bei einem zu flach schwingenden Schläger meist auch die Unterarme zu viel, und das Schlägerblatt kommt häufig geschlossen (nach links verkantet) an den Ball.

Analog verhält es sich mit einem zu steil schwingenden Schläger (Schlägerschaft zu vertikal), der fast immer für Schläge mit der Spitze und zuviel Divot verantwortlich ist. Meistens rotieren auch die Unterarme zu wenig, und das Schlägerblatt kommt häufig offen (nach rechts verkantet) an den Ball. Die Schlägerebene ist das zentrale Thema beim Golfschwung, und hier sind auch die Ursachen für zahlreiche Fehlschläge zu finden. Zwei Beispiele für Golfer, die in ihrem Schwung die Schlägerebene perfektioniert haben, sind Mark O'Meara und Chip Beck.

Armebene

Auf die Armebene bezieht man sich meist im höchsten Punkt des Ausholens, dem oberen Totpunkt. Gemeint ist hiermit die Schräge des linken Armes (Verbindungslinie zwischen Griffende und Mitte der linken Schulter) aus der seitlichen Perspektive. Im Idealfall entspricht diese Schräge der ursprünglichen Schlägerebene, also dem Schläger-Lie, und ist daher abhängig vom gewählten Schläger. Je länger der Schlägerschaft und je geringer damit der Lie, desto flacher ist die Armebene. In diesem Zusammenhang beobachte ich auch immer den Weg der Arme bis zum oberen Totpunkt. Da sich die Hände (genauer: das Griffende) von ihrer Ansprechposition nur sehr wenig in die Tiefe bewegen, verläuft der Weg der Hände auf einer minimal konkav gekrümmten Bahn sehr steil nach oben.

Schulterebene

Im Gegensatz zur Ebene der Arme drehen sich die Schultern, wie schon gesagt, auf einer deutlich flacheren Ebene. Diese Ebene wird durch die Oberkörperneigung in der Ansprechposition bestimmt. Im Idealfall drehen sich die Schultern auf einer Schräge, die genau senkrecht zu der Neigung des Oberkörpers ist. Eine zu flache Ebene im oberen Totpunkt würde bedeuten, daß man sich im Verlauf des Ausholens zu sehr aufgerichtet hat. Eine zu steile Ebene (Schulterkippen) führt dazu, daß man sich während des Ausholens kleiner macht. Da bei einer Veränderung der Position der Wirbelsäule natürlich auch die Arme und damit auch der Schläger beeinflußt werden, sollten Sie auf die Haltung während des Schwunges größten Wert legen, damit möglichst präzise spielen.

Die Hände bewegen sich hauptsächlich nach oben und die linke Schulter dreht sich nach rechts

Um nun die erwähnten vier Grundbewegungen und die Ebenen chronologisch und detailliert beschreiben zu können, habe ich den Schwung in zehn Abschnitte aufgeteilt. Die Abbildungen sind nicht zeitstrukturiert (nicht in gleichen Zeitabständen aufgenommen). Hierbei sollten Sie beachten, daß es sich bei den Bildern nur um Momentaufnahmen einer Gesamtbewegung handelt. Der Golfschwung ist aber keine Aneinanderreihung von Einzelpositionen, sondern ein fließender Bewegungsablauf. Sie müssen also nach der Analyse und Änderung bestimmter Bewegungsteile versuchen, diese wieder zu einer Gesamtbewegung zusammenzufügen.

Dieses Kapitel ist nicht als Checkliste zu verstehen, die während des Schwunges Punkt für Punkt abgehakt wird. Sie sollten es vielmehr als Nachschlagewerk nutzen, indem Sie Antworten zu Detailfragen finden, die sich Ihnen während der Lernphase immer wieder stellen.

Auch wenn die Menge der nun folgenden Informationen Sie im ersten Augenblick vielleicht eher abschreckt, so sollten Sie bedenken, daß Sie all die Dinge, die Sie bereits richtig machen, nicht berücksichtigen müssen. Sollten Sie jedoch irgendeinen Fehler feststellen, müssen Sie sich den entsprechenden Bewegungsteil ins Bewußtsein rufen, um dort die Fehler zu beheben. Nach der Korrektur und dem Einüben dieses Details geht es dann darum, die neue Bewegung so schnell wie möglich wieder im Unterbewußtsein zu verankern.

Ausholbewegung

Um die ursprüngliche Schräge des Schlägers bestimmen zu können, ist an dieser Stelle noch einmal die Ansprechposition abgebildet. Die eingezeichnete Hilfslinie stellt in den Bildern aus der seitlichen Perspektive die Schlägerebene dar. Sie ist jeweils von der Länge des gewählten Schlägers abhängig (hier ein Eisen 6); je länger er ist, desto flacher wird die Ebene und umgekehrt.

Die Haltung aus der seitlichen Perspektive: die Ebene wird durch den Lie des Schlägers bestimmt

Die Haltung aus der frontalen Perspektive

Der Schläger wird beim Wegnehmen genau auf seiner ursprünglichen Ebene nur nach rechts zurückgeführt

Phase 1

Nachdem Sie eine schwungauslösende Bewegung ausgeführt haben, nehmen Sie den Schläger so zurück, daß dieser aus der seitlichen Perspektive genau auf seiner Ebene bleibt. Hierbei bewegen Sie Hände, Arme, Schultern (in geringem Maße auch Ihre Hüften) so, daß Sie das aus Schläger und Armen gebildete Y, ohne seine Form zu verändern, um die Wirbelsäule als Achse nach rechts rotieren. Diese Bewegung setzt sich fort, bis der Schläger einen Kreisbogen von etwa 45 ° überstrichen hat. Bis dahin gibt man dem Schläger nur einen seitlichen Kraftimpuls, denn in die Höhe und in die Tiefe bewegt er sich schon alleine deshalb, weil sich die Wirbelsäule als Mittelpunkt der Drehbewegung oberhalb und hinter dem Schläger befindet. Das Einleiten des Schwunges wird immer dann unnatürlich, wenn man versucht, den Schläger nach oben beziehungsweise flach am Boden entlang oder übermäßig nach innen beziehungsweise ganz gerade über der Ziellinie zurückzuführen. Bei einem richtigen Wegbewegen des Schlägers haben Sie das Gefühl, daß sich kein Körperteil unabhängig von einem anderen bewegt.

Um festzustellen, ob sich das Y in dieser Phase nicht verändert hat, überprüft man, ob das Griffende und die vordere Kante des Schlägers (Leading-Edge) wie bei der Ausgangsposition immer noch auf die linke Hälfte des Körpers zeigen; auch der Abstand des Griffendes zu diesem Punkt sollte sich seit der Ansprechposition nicht

Wenn der Schlägerschaft parallel zum Boden ist, so muß er auch parallel zur Ziellinie sein

verändert (eventuell minimal verringert) haben.

Das Kopfende des Schlägers muß bis zu dem Punkt, an dem der Schläger 90° zurückgelegt hat, genau auf die Ziellinie zeigen. Dies garantiert, vorausgesetzt, das Griffende hat sich nur nach rechts bewegt, daß sich der Schläger immer in der gleichen Schräge (Ebene) befindet. Erstaunlicherweise wird von den meisten Golflehrern ein leichtes Wegnehmen des Schlägers nach außen (zu steil) sofort korrigiert. Ein deutlich zu flaches Zurückführen des Schlägers nach innen, wird dagegen oftmals überhaupt nicht beachtet.

Phase 2

In dieser Phase werden nun Unterarme und Handgelenke in den Schwung einbezogen: Die Handgelenke beginnen abzuwinkeln, die Unterarme rotieren. Das Abwinkeln der Handgelenke bringt den Schläger nach oben, die Unterarmrotation sorgt dafür, daß er nach hinten kommt. Beachten Sie jedoch, daß der Schläger viel mehr nach oben als nach hinten bewegt werden muß, um seine Position im höchsten Punkt des Ausholens zu erreichen. Das Abwinkeln der Handgelenke ist daher deutlich ausgeprägter als das Rotieren der Unterarme. Um zu überprüfen, ob beides im richtigen Maße geschehen ist, sollte sich der Schläger, wenn er parallel zum Boden ist, auch parallel zur Ziellinie befinden. Trifft dies zu und befindet sich die linke Handkante senkrecht über der Außenseite des rechten Fußes, so haben Sie beide Grundbewegungen, das Abwinkeln der Handgelenke und die Rotation der Unterarme, exakt ausgeführt. Das Griffende des Schlägers hat sich bis dahin nur nach rechts bewegt.

Zeigt der Schlägerschaft in dem Moment, in dem er sich parallel zum Boden befindet, in eine Richtung rechts vom Ziel, so wurden entweder die Handgelenke zu spät abgewinkelt oder die Unterarme zu stark rotiert (Beispiel: Barry Lane, Bernhard Langer, Raymond Floyd). Dagegen war die Unterarmrotation nicht ausreichend beziehungsweise wurden die Handgelenke zu früh abgewinkelt, wenn der Schlägerschaft in diesem Moment deutlich links am Ziel vorbeizeigt (Beispiel: Ronan Rafferty, Johnny Miller).

Noch ein kleiner Ratschlag für diejenigen, die bei sich ein zu flaches Zurückführen des Schlägers festgestellt haben: Versuchen Sie nicht, den Schläger dadurch mehr vor dem Körper zu halten, indem Sie zu Beginn des Schwunges die Arme nach außen (vom Körper weg) bewegen. Hierdurch gerät das Griffende nämlich nach vorne, statt nach rechts.

Wenn der Schläger, wie beschrieben, zurückgeführt wurde und sich der Winkel zwischen linkem Unterarm und Handrücken nicht verändert hat, so wird die Leading-Edge des Schlägers nicht, wie häufig beschrieben, senkrecht in die Luft zeigen, sondern weiterhin parallel zum linken Unterarm ausgerichtet sein. Dies bedeutet, daß die untere Kante des Schlägerblattes im Vergleich zu einer senkrechten Ausrichtung vom Golfer aus gesehen etwas gegen den Uhrzeigersinn gedreht ist. Während des gesamten Schwunges (außer in der Phase kurz vor und nach dem Treffmoment) bleibt die Leading-Edge parallel zum linken Unterarm.

In der zweiten Phase wird auch der Körper etwas weiter aufgedreht.

Phase 3

In dieser Phase, in deren Verlauf der Schläger weitere 90° überstreicht, so daß er sich aus der frontalen Perspektive senkrecht zum Boden befindet, werden alle vier Grundbewegungen zu einem weiteren Teil ausgeführt:

- Die Hände bewegen sich von der Seite gesehen in die Richtung des Punktes, an dem sie sich im oberen Totpunkt befinden. Hierzu müssen sich die Arme vom Körper lösen. Ein Beispiel soll diesen Vorgang verdeutlichen:

Klemmt sich ein Golfspieler in der Ansprechposition zwei Handtücher unter die Achseln, so dürfen sie von der Ansprechposition bis zu dieser Phase nicht herunterfallen. Wenn der Schläger dann nach oben geschwungen wird, müssen sich die Arme vom Körper lösen, und die Handtücher fallen herunter. Ein Golfschwung, bei dem sie nicht herunterfallen, wäre, was die Armebene betrifft, zu flach.

Beim Werfen eines Schlagballes passiert genau dasselbe: Beim Ausholen löst sich der Wurfarm vom Körper, um dann bei der Vorwärtsbewegung dem Körper wieder näher zu kommen.

▶ Die größte Änderung in dieser Bewegungsphase findet man – von vorne gesehen – in der geänderten Winkelstellung von Unterarmen und Schlägerschaft. Dieser Winkel beträgt nun circa 90°; das bedeutet, daß die Handgelenke in dieser Phase stark zur Daumenseite abgewinkelt wurden. Der Vorteil eines frühen Abwinkelns liegt darin, daß dies nicht mehr im kritischen Teil des Schwunges (kurz vor der Richtungsänderung nach unten) geschehen muß. Ein Abwinkeln ist zwar auch dann noch möglich, erfordert aber viel Kraft und Koordination vom Golfer, wenn er dies kontrolliert tun will (Beispiele: Jack Nicklaus, Greg Norman, Curtis Strange). Ein frühes Abwinkeln der Handgelenke trägt auch der Tatsache Rechnung, daß der Schläger sich weit nach oben und nur wenig nach hinten bewegen muß. Bei Golfern, die ihre

Der Schlägerschaft befindet sich zwar leicht über aber immer noch parallel zur ursprünglichen Schlägerebene

Die Handgelenke sind nun so stark abgewinkelt, daß der Schlägerschaft mit dem linken Arm einen rechten Winkel bildet

Handgelenke spät abwinkeln, hat sich der Schläger, wenn er 90° überstrichen hat, schon den größten Teil des Weges nach hinten bewegt, aber erst ein kleines Stück nach oben. Man darf aber auch nicht zu früh (als einleitende Bewegung des Schwunges) damit beginnen, da sonst der Schlägerkopf zu sehr nach außen gerät. Vielmehr sollten die Handgelenke im ersten Teil des Schwunges passiv bleiben, damit ein kontrolliertes Zurückführen des Schlägers auf der Ebene gewährleistet bleibt.

Mit den Handgelenken beginnt auch der rechte Ellenbogen leicht zu winkeln.

▶ Die Unterarme werden weiter rotiert, damit der Schlägerschaft weiter in seiner ursprünglichen Schräge bleibt. Ist der Schläger zu steil, wurden die Unterarme zu wenig rotiert; ist er zu flach, wurden sie zuviel rotiert. Da das Griffende sich nun leicht überhalb der ursprünglichen Schlägerebene befindet, zeigt das Griffende auf einen Punkt leicht außerhalb der Ziellinie.

▶ Der Körper hat in dieser Phase keine große Veränderung erfahren, sondern sich nur minimal weitergedreht (die Schultern haben sich nun im Vergleich zur Ansprechposition um 70° gedreht).

Nun sind schon drei der vier Grundbewegungen des Ausholens abgeschlossen: Das Lösen der Arme vom Körper, die Unterarmrotation und die Radialflexion der Handgelenke.

Phase 4

Die Körperdrehung spielt im letzten Teil der Ausholbewegung die wichtigste Rolle. Da sich nun Schläger, Hände und Arme schon im richtigen Verhältnis zum Körper befinden, braucht man sich nur darauf zu konzentrieren, sie durch die

Der Schlägerschaft ist noch immer parallel zur ursprünglichen Schlägerebene

Wird der Schläger 270° zurückgeschwungen, muß er auch parallel zur Ziellinie sein; der linke Arm ist parallel zur Schlägerebene (l.)

Die Schultern haben sich 90° gedreht (r.)

korrekte Körperdrehung und Aushollänge in die richtige Position zu bringen.

Der Körper wird so weit gedreht, bis der Schultergürtel im rechten Winkel zur Ziellinie steht: die Hüften haben sich dann um 35–45 ° gedreht. Bei dieser Drehbewegung baut sich eine Körperspannung auf, die, bei gleicher Schulterdrehung, um so größer wird, je geringer die Hüften gedreht werden. Ungeübte weichen dieser notwendigen Körperspannung häufig aus. Sie drehen entweder die Schultern zu wenig oder die Hüften zuviel. Letzteres ist meist daran zu erkennen, daß sich der linke Fuß weit vom Boden abhebt.

Ältere, unbeweglichere Golfer sind häufig nicht mehr in der Lage, die Schultern – bei nur 45 ° Hüftdrehung – um 90 ° zu drehen. Das Hauptproblem besteht dann meist darin, daß der Schläger im höchsten Punkt des Ausholens nicht mehr zum Ziel, sondern zu weit nach links zeigt. Hierdurch wird die Tendenz, den Ball zu slicen, verstärkt, was die ohnehin geringe Schlaglänge noch weiter reduziert. Als Abhilfe empfehle ich meist, die Hüften weiter mitzudrehen. Hierdurch wird zwar die Körperspannung zwischen oberer und unterer Körperhälfte (und damit die mögliche Schlägerkopfgeschwindigkeit) etwas reduziert, der Ball kann so jedoch gerader geschlagen werden, was letztlich weniger Längenverlust bedeutet. Hier ist also nicht der Mangel an Kraft, sondern die zu geringe Beweglichkeit für die fehlende Schlaglänge verantwortlich.

Oberer Totpunkt

Seitliche Bewegung
Im Vergleich zur Ansprechposition befindet sich der Kopf nun, bei komplett aufgedrehtem Körper, etwa einen halben Kopf weiter rechts. Die meisten Golfer können sich die Rotation um ihre Wirbelsäule, die ja nicht exakt in der Körpermitte liegt, nur schwer vorstellen. Folgendes Modell hat sich aber bewährt:

Statt einer Achse, die durch die Mitte des Körpers verläuft und damit jede seitliche Bewegung des Kopfes ausschließt, stellen wir uns nun zwei vor: eine Ausholachse und eine Durchschwungachse. Beide verlaufen innerhalb der Hüftknochen; beim Ausholen dreht man sich um die rechte, beim Durchschwung um die linke Achse. Bewegt man sich außerhalb einer der beiden Achsen, so wird die laterale Bewegung zu stark.

Beim Ausholen muß man allerdings darauf achten, daß sich nur der vordere Teil der oberen Körperhälfte seitlich bewegt. Die untere Körperhälfte, speziell das rechte Bein, wird beim Ausholen nicht nach rechts bewegt. Es dient vielmehr als Stütze für den Oberkörper, genau wie beim Werfen eines Schlagballes. Auch im rechten hinteren Teil der Oberschenkelmuskulatur des rechten Beines baut sich während des Ausholens eine Spannung auf, die einen Teil der Energie speichert, die beim Abschwung freigesetzt wird.

Länge des Ausholens
Entsprechend dem Anlauf beim Weitsprung gibt es beim Golf einen optimalen „Anlaufweg“. Die Absprunggeschwindigkeit wird bei zunehmendem Anlauf nicht immer höher. So nützt es dem Weitspringer beispielsweise nichts, wenn er 100 Meter anläuft. Ebenso verhält es sich beim Golf: Die Schlägerkopfgeschwindigkeit erhöht sich nicht, wenn man so weit wie möglich ausholt; jedoch ist der optimale Ausholweg jedes Golfers verschieden lang. Die beiden wichtigsten Kontrollpunkte sind ein komplett aufgedrehter Oberkörper und vollständig abgewinkelte Handgelenke. Wie weit die Arme hierbei zurückschwingen, ist eher nebensächlich. Bei den meisten Golfspielern ist die Ausholbewegung eher zu lang als zu kurz. Eine Ursache ist meist ein zu flaches Zurückführen des Schlägers, wobei dann im zweiten Teil des Schwunges einige Zeit benötigt wird, ihn auf die richtige Schräge zu heben. Meist wird dann auch die Armebene zu steil. Ebenso kann ein zu spätes Abwinkeln der Handgelenke der Grund

Der Schläger-schaft befindet sich immer in der gleichen Schräge, die durch seinen Lie bestimmt wird

sein, wobei der Armschwung und die Körperdrehung häufig schon vollständig ausgeführt sind, der Schläger aber nicht abgeschwungen werden kann, weil der Winkel zwischen linkem Unterarm und Schlägerschaft noch nicht ausreicht. In beiden Fällen wird dann das Ausholen zu lang. Eine durchschnittliche Ausholbewegung mit einem Holzschläger endet etwa an dem Punkt, an dem der Schlägerschaft 270° überstrichen hat. Bei kürzeren Schlägern ist auch die Ausholbewegung etwas kürzer, bei einem vollen Schwung mit einem Wedge überstreicht der Schläger etwa 225°.

Viele Golfer glauben, all ihre Schwungprobleme durch eine langsame und kurze Ausholbewegung lösen zu können. Sicher vereinfacht dies den Schwung, lassen sich etwaige Fehler im Bewegungsablauf besser kompensieren, doch sollte es immer das Ziel sein, einen korrekten Bewegungsablauf zu erlernen, bei dem die Geschwindigkeit und die Länge der Bewegung dann eher nebensächlich sind.

Linker Arm

Über die Haltung des linken Arms beim Ausholen wird häufig diskutiert. Ich habe bereits vorher gesagt, daß er in der Ansprechposition lang und entspannt herunterhängt, und in dieser Position bleibt er auch während des Schwunges. Er wird beim Ausholen weder kürzer noch länger, da beides ein Ausgleichen beim Abschwung erfordern würde. Falsch wäre es, den linken Arm „steif zu machen", um so einer Längenveränderung vorzubeugen. Sollte der Arm beim Ausholen im Ellenbogengelenk ein klein wenig einknicken, so ist dies nicht so tragisch wie ein unnatürliches Abstrecken, da die Zentrifugalkraft beim Abschwung sowieso dafür sorgt, daß der Arm nach unten hin wieder lang wird (der Schläger zieht beim Abschwung mit einer Kraft an Ihren Armen, die bis zu 40 Kilogramm entspricht).

Weitere Details im oberen Totpunkt

Im höchsten Punkt des Ausholens, auf den man sich bei der Analyse des Schwunges häufig bezieht (da es auch möglich ist, ihn ohne Videokamera zu analysieren), sind noch weitere Details zu beobachten:

▶ Der Golfer hat die Winkelstellung von Hüfte und Knie beibehalten, von der bei der Ansprechposition die Rede war. Da das Drehen des Körpers in der Ausgangshaltung Spannung verursacht, neigen auch hier viele Golfer dazu, ihr auszuweichen und sich während der Ausholbewegung größer zu machen. Dies erfordert aber ein Ausgleichen in der Vorwärtsbewegung, was die Wiederholbarkeit erschwert.

▶ Die Hände bilden zusammen mit den beiden Ellenbogengelenken ein ungefähr gleichseitiges Dreieck. Der linke Arm befindet sich dabei parallel zur Schlägerebene, der rechte Unterarm parallel zur Wirbelsäule und der rechte Oberarm fast parallel zum Boden; der Ellenbogen ist etwas niedriger als das rechte Schultergelenk. Der Winkel zwischen rechtem Oberarm und Schultergürtel beträgt jetzt etwa 135 °, und er sollte keinesfalls größer werden, da sich die Arme sonst zu stark vom Körper lösen (Beispiel: Fred Couples).

▶ Der Schlägerkopf eines Holzes ist aus der seitlichen Perspektive zwischen den Händen und dem Kopf zu sehen. Er sollte auch hier wieder parallel zum Boden und parallel zur Ziellinie sein. Erreicht der Schläger – beispielsweise bei einem Schwung mit einem Eisen – nicht 270 °, so muß der Schaft entsprechend weit links vom Ziel zeigen, um sich auf der richtigen Ebene zu befinden (der Schläger muß auch hier parallel zur ursprünglichen Schlägerebene sein). Die vordere untere Kante des Schlägers (Leading-Edge) ist immer noch parallel zum linken Unterarm. Weist das Schlägerblatt in dieser Position in die Luft, so ist es zu geschlossen (nach links verdreht), zeigt es nach vorne, ist es zu offen (nach rechts verdreht). In beiden Fällen sollten der Griff, die Beugung des Handgelenks (in Richtung Handrücken beziehungsweise -fläche) und die Armebene überprüft werden, da hier meist die Gründe für ein nicht neutrales Schlägerblatt zu finden sind.

▶ Die Schulterachse bildet mit der Wirbelsäule einen rechten Winkel. Dies bedeutet, daß sich die linke Schulter im Verlauf der Ausholbewegung automatisch nach unten und die rechte Schulter nach oben bewegt hat. Ein häufig zu beobachtender Fehler ist das sogenannte Schulterkippen (Beispiel: Steven Richardson). Dabei wird die linke Schulter im Verlauf der Ausholbewegung zu weit nach unten gesenkt. Diese Golfer sollten sich deshalb nicht, wie häufig beschrieben, darauf konzentrieren, die linke Schulter unter das Kinn zu drehen, da dies meist zu einer kippenden Bewegung führt. Korrekt ist es, die linke Schulter nach rechts (oder hinter den Ball) zu bewegen; nach unten gerät sie durch die Oberkörperneigung von alleine.

Schlägerkopf und Hände beschreiben im Abschwung einen engeren Bogen als in der Ausholbewegung

Häufig entsteht ein Schulterkippen auch durch eine zu starke Oberkörperneigung in der Ansprechposition oder durch ein zu steiles oder geschlossenes Zurückführen des Schlägers, was auf den Versuch, den Schläger auf einer Geraden zu bewegen, zurückzuführen ist. Ist die Haltung in bezug auf Arm- und Schulterebene korrekt, so ist die Armebene etwas steiler als die der Schultern.

► Bei weitem nicht so wichtig, wie die meisten glauben, ist das Verhalten des linken Absatzes während des Ausholens. Ob er den Boden verläßt, hängt von der Länge des Ausholens und der Beweglichkeit des einzelnen ab. Ist diese sehr gut und/ oder holt man wenig aus, kann der Absatz am Boden bleiben. Es ist aber auch kein Fehler, wenn der Absatz leicht vom Boden abhebt. Man sollte jedoch darauf achten, daß das linke Knie vom Spieler aus gesehen nach rechts vorne einknickt und nicht nur nach vorne schnellt, wie das beispielsweise der Fall ist, wenn eine fehlerhafte Bewegung der unteren Körperpartie (sie bewegt sich zum Beispiel während des Ausholens nach links) vorliegt.

Wenn der Schlägerschaft im oberen Tot-punkt parallel zum Boden ist, so soll er auch parallel zur Ziellinie sein

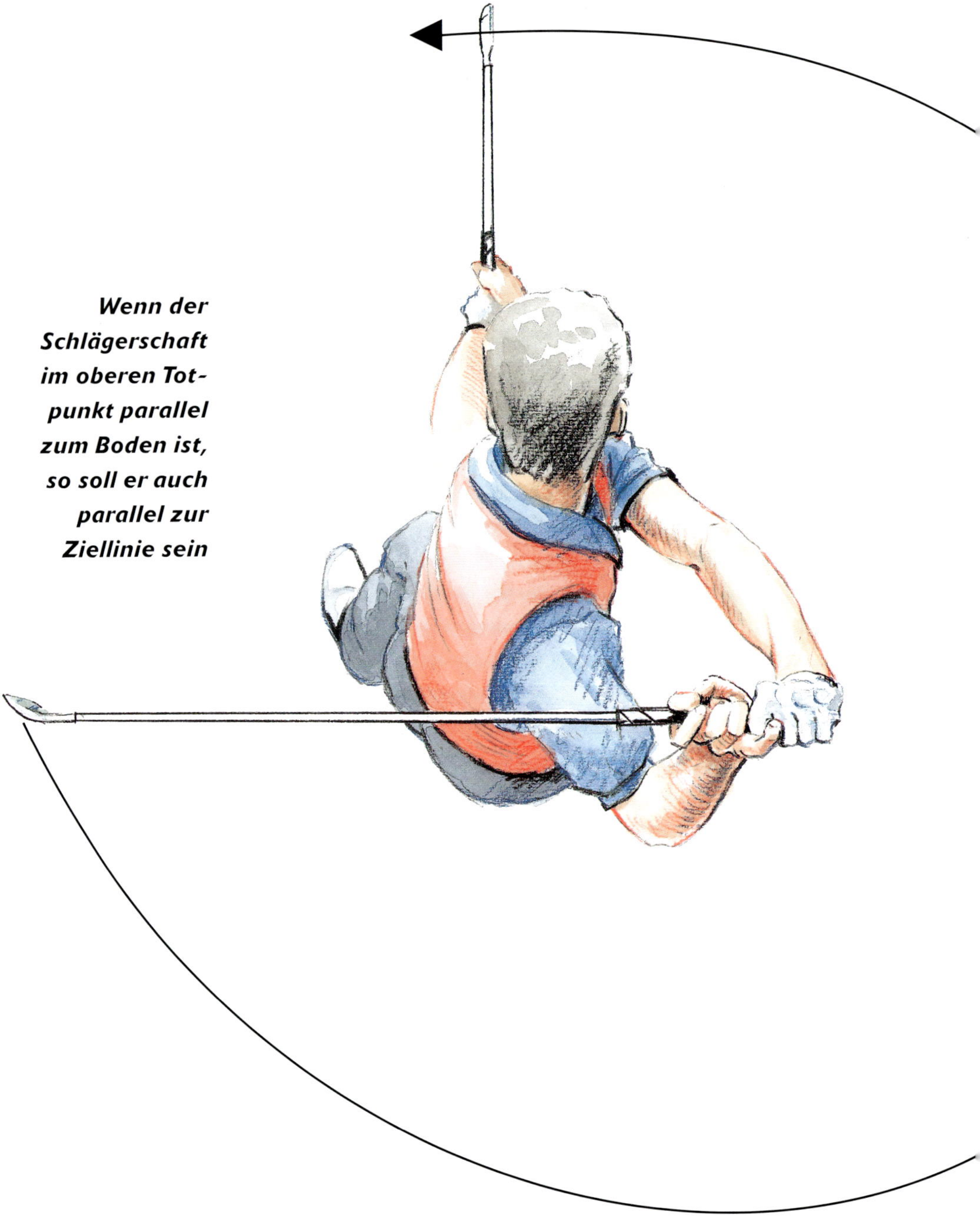

Abschwung

Der Abschwung umfaßt die Bewegungsphase vom oberen Totpunkt bis zum Treffmoment. Dies ist der wichtigste Teil des Schwunges, da nun der Ball geschlagen wird. Egal wie unorthodox Sie ausholen, wenn es Ihnen gelingt, so abzuschwingen, daß der Schläger regelmäßig richtig zum Ball kommt, werden Sie nie Probleme mit Ihren langen Schlägen haben. Damit will ich jedoch keinesfalls die Bedeutung der Ausholbewegung einschränken, denn je besser sie ist, desto weniger Ausgleichbewegungen sind im Abschwung nötig, und desto einfacher wird er.

Der Abschwung ist besonders schwer zu steuern, da er nur etwa 0,2 Sekunden dauert. Als erstes muß man wissen, daß der Abschwung keine symmetrische Umkehrung der Ausholbewegung ist, da sich zum einen der Treffmoment deutlich von der Ansprechposition unterscheidet, zum anderen auch die zeitliche Gliederung der Einzelbewegungen differiert.

Ausholen und Abschwung lassen sich auch nicht völlig voneinander trennen, da es, genau wie beim Werfen eines Schlagballes, keine Pause zwischen beiden Phasen gibt (tatsächlich gibt es einen Moment, in dem der Schläger noch zurückschwingt und sich die untere Körperhälfte schon in Richtung Ziel bewegt).

Die vier fundamentalen Elemente der Ausholbewegung kommen auch beim Abschwung, dann aber in umgekehrter Richtung, zum Tragen. Dabei unterstützt allerdings die Zentrifugalkraft das Auflösen des Handgelenkwinkels und die Unterarmrotation.

Bleiben noch die Drehung des Körpers und das Wiederherstellen des Kontaktes zwischen Armen und Körper, die in der auslösenden Bewegung des Abschwunges zusammengefaßt werden. Beim Ausholen folgt die untere Körperhälfte der Bewegung des Oberkörpers; beim Abschwung ist es umgekehrt.

Der Schlägerschaft befindet sich parallel zur ursprünglichen Schlägerebene und – analog zum Ausholen – leicht darüber (l.)

Während des Abschwungs muß sich der Abstand zwischen rechter Schulter und den Händen kontinuierlich vergrößern (r.)

Phase 5

Der Abschwung beginnt mit einer gleichzeitigen Bewegung des linken Knies, der linken Hüfte und der Arme. Das linke Knie und die linke Hüfte bewegen sich nach links in Richtung Ziel, während sich die Hände nach unten in Richtung ihrer Treffmomentposition bewegen. Kurz nach dieser auslösenden, seitlichen Bewegung der unteren Körperpartie beginnt diese, sich zu drehen. Das wiederum führt dazu, daß sich auch der Oberkörper zurückdreht. Die Schultern holen die Hüften, was die Drehung betrifft, jedoch erst nach dem Treffmoment ein. Deshalb kippt der Oberkörper im Abschwung etwas nach rechts. Das führt dazu, daß sich die rechte Schulter im Verhältnis zur linken immer etwas tiefer als in vergleichbaren Positionen beim Ausholen befindet.

Die Bewegung der Hände nach unten (nach außen geraten sie durch die Zentrifugalkraft von alleine) sorgt dafür, daß die Arme wieder etwas engeren Kontakt zum Körper bekommen (Umkehrung des Lösens beim Ausholen). Dabei ist zu beachten, daß sich der Abstand der Hände zur rechten Schulter kontinuierlich vergrößert. Bei fast allen Golfern, deren Bälle nach links starten und dann nach rechts abdrehen, vergrößert sich dieser Abstand im ersten Teil des Abschwungs viel zu langsam.

Durch die Trägheit des Schlägerkopfes, der den größten Teil des Gewichtes des Schlägers ausmacht, wird in der ersten Phase des Abschwungs der Winkel zwischen linkem Arm und Schläger aus der frontalen Perspektive kleiner. Dies ist bei allen Schwüngen von Spitzenspielern zu erkennen.

Während des Abschwungs werden die Arme nach unten geschwungen und die Hüften seitlich nach links aus dem Weg gedreht

Vom Durchschnittsgolfer, speziell mit Slice-Problemen, kann dies aber in dieser Form nicht übernommen werden, da das rechtzeitige Auflösen des Winkels zwischen linkem Unterarm und dem Schlägerschaft aus dieser Position sehr viel Kraft und Koordination erfordert.

Die Kunst des Abschwungs besteht darin, einerseits die Bewegungen des Körpers und andererseits die der Arme, Hände und des Schlägers zu koordinieren.

Der spielstarke Golfer hat eher mit zu schnellen Bewegungen von Händen und Armen zu kämpfen, die das Schlägerblatt häufig zu früh schließen und die Bälle nach links abdrehen lassen, der spielschwächere kann mit seinen Händen der schnellen Bewegung des Körpers, speziell des Oberkörpers, meist nicht folgen. Das Schlägerblatt kommt im Treffmoment dann noch offen an den Ball, so daß der meist nach rechts abdreht. Für diesen Spieler wäre es deshalb völlig verkehrt, das Zuschlagen (Auflösen des Winkels zwischen Schläger und Armen) zu verzögern.

In dieser Phase des Abschwungs befindet sich der rechte Ellenbogen erheblich tiefer als der linke. Der Schläger befindet sich nun wieder parallel zu seiner Ebene. Diese Position ist die Voraussetzung dafür, daß der Schläger von innen an den Ball kommt und nicht vor dem Treffen des Balles außerhalb der Ziellinie gerät, wie es bei allen „Pull-Slicern“ der Fall ist. Die Hüften stehen nun schon fast parallel zur Ziellinie, und das Gewicht befindet sich noch überwiegend auf dem rechten Fuß.

Nick Faldo nach einem Abschwung, bei dem er hauptsächlich die Arme nach unten geschwungen und die Hüften gedreht hat

Beim Spitzengolfer ist das linke Handgelenk in dieser Phase dorsal (zum Handrücken hin) gebeugt, da nur dies einen kleinen Winkel zwischen linkem Unterarm und Handrücken ermöglicht (extremes Beispiel: Ben Hogan). Der Handicapgolfer sollte hieran aber keinen Gedanken verschwenden. Wenn man seinen Abschwung so begonnen hat, ergeben sich die daran anschließenden Schwungphasen fast von alleine.

Der Schläger ist nun wieder parallel zum Boden und zur Ziellinie und befindet sich auf seiner ursprünglichen Ebene

Phase 6

In dieser Phase dreht die untere Körperhälfte weiter, der Oberkörper folgt. Der Schultergürtel befindet sich nun schon fast parallel zur Ziellinie.

Jetzt verändert sich auch die Winkelstellung im rechten Ellenbogengelenk, so daß sich der Abstand zwischen den Händen und der rechten Schulter weiter vergrößert.

Der Schläger befindet sich nun, entsprechend der Position beim Ausholen, parallel zur Ziellinie und zum Boden. Dieses Detail kann man bei allen Golfern, die beständig gerade Bälle schlagen, gut beobachten. Wenn der Schläger hier zu steil oder zu flach ist, wird er von außen nach innen beziehungsweise von innen nach außen durch den Ball schwingen. Wichtig ist, daß sich die Schultern im richtigen Verhältnis zum Schläger befinden. Zeigen sie in dieser Phase beispielsweise schon links am Ziel vorbei, so ist der Schläger im Verhältnis zum Körper eigentlich zu flach, auch wenn er sich parallel zum Boden und zur Ziellinie befindet.

Das linke Handgelenk befindet sich nun mit dem linken Unterarm wieder auf einer Linie. Durch die Trägheit des Schlägerkopfes, der den Händen folgt, hat sich das linke Handgelenk volar (zur Handfläche hin) gebeugt, das rechte dorsal. Der rechte Unterarm zeigt aus der seitlichen Perspektive betrachtet genau auf den Ball.

Phase 7
In der Phase kurz vor dem Treffmoment findet hauptsächlich das Abwinkeln der Handgelenke zur Kleinfingerseite (Ulnarflexion) und die Rotation der Unterarme gegen den Uhrzeigersinn statt (links Supination, rechts Pronation).

Die Hände befinden sich im Treffmoment vor dem Ball. Das linke Handgelenk ist in einer Linie mit dem Unterarm

Der Schlägerschaft ist genau auf der Ebene; die Hüften zeigen 30° links vom Ziel; die Schultern fast genau zum Ziel

Der „Release" der linken Hand: das Handgelenk entwinkelt (Ulnarflexion), der Unterarm rotiert im . . .

Im vorigen Abschnitt hatte ich bereits die Volarflexion des linken Handgelenkes erwähnt, die ich nicht zu den Grundbewegungen gezählt habe. Da sich die Hände auch noch im Treffmoment vor dem Schlägerkopf befinden, ist das linke Handgelenk nun schon leicht volar gebeugt. Diese drei Bewegungen (Unterarmrotation, Ulnarflexion und Volarflexion des linken Handgelenkes) bilden die Voraussetzung für eine

korrekte Freigabe („Release") des Schlägers. Um dies zu üben, kann der Golfer halbe Schläge machen – bei denen der Schläger kurz nach dem Treffmoment abgestoppt wird –, um zu kontrollieren, ob der Schlägerschaft auf die Ziellinie zeigt und mit dem linken Arm eine Gerade bildet. Der Schultergürtel zeigt im Treffmoment – von der Seite gesehen – zum Ziel oder ganz leicht links davon.

... Uhrzeigersinn (Supination) und das Handgelenk beugt sich zur Handfläche hin (Volarflexion)

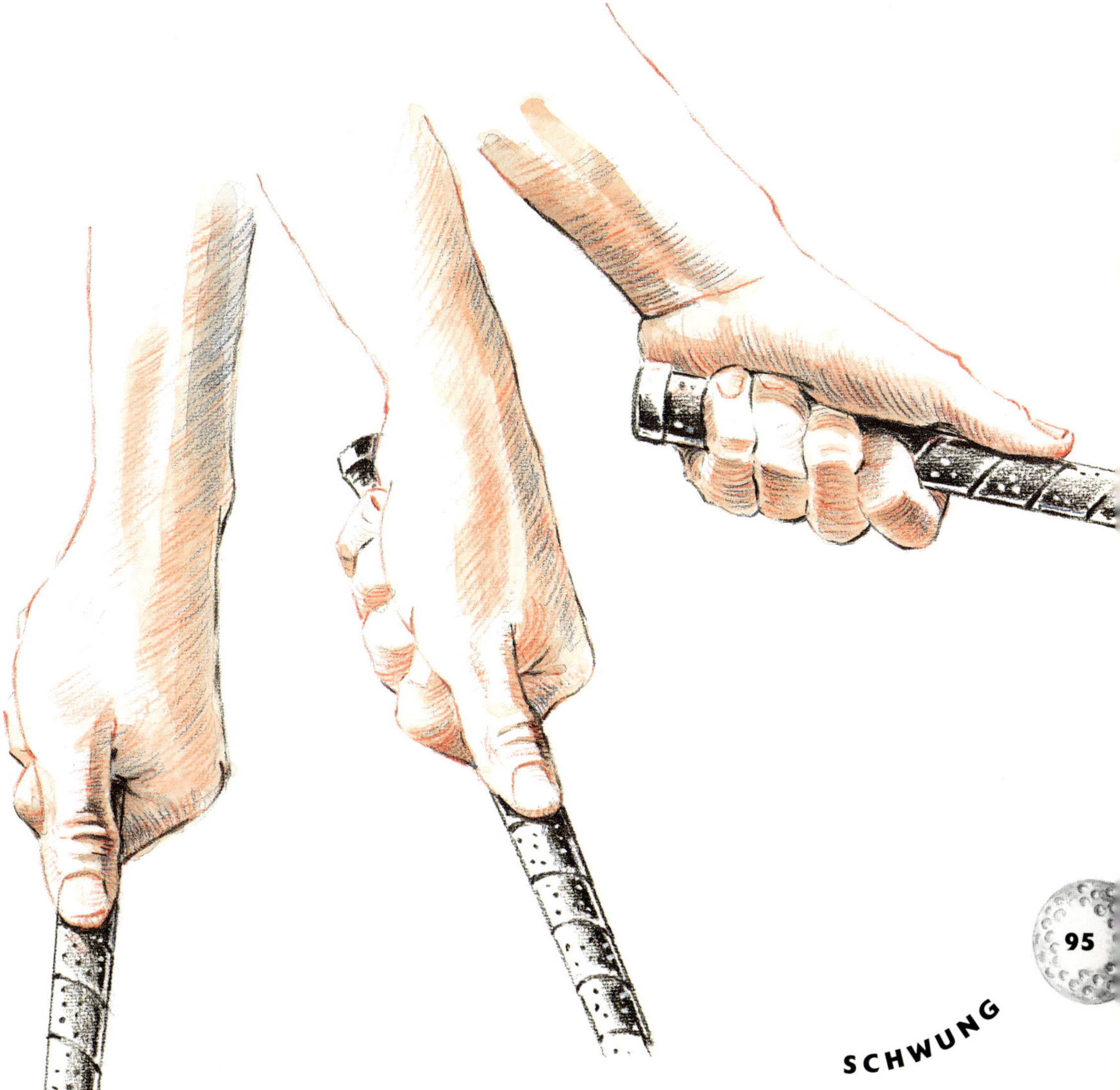

Treffmoment

Aus der frontalen Ansicht lassen sich nun einige Unterschiede des Treffmoments zur Ansprechposition feststellen:

Der Oberkörper ist leicht nach rechts gekippt, da sich der Kopf an derselben Stelle wie in der Ansprechposition und die untere Körperhälfte im Vergleich dazu weiter links befindet. Das linke Handgelenk ist leicht volar gebeugt. Hierdurch ist es möglich, daß der Schläger durch den Ball hindurch nach unten schwingt. Dem Schläger wird dadurch etwas an Loft genommen, wodurch sich die flach startenden und im weiteren Verlauf hoch ansteigenden Bälle spielstarker Golfer erklären lassen. Die Hüften sind im Vergleich zur Ansprechposition circa 30° nach links gedreht und etwas in Richtung Ziel verschoben. Der Schaft befindet sich aus der seitlichen Ansicht gesehen wieder in genau der selben Schräge wie in der Ansprechposition. Wenn hier ein Fehler auftritt, so befindet sich das Griffende des Schlägers meist zu hoch, was dafür sorgt, daß die Schlagfläche auch bei einer senkrecht zur Ziellinie befindlichen Leading-Edge nach rechts zeigt. Die Divots sind in diesem Fall an der Außenseite immer tiefer als an der dem Golfer zugewandten Seite. Die Ursache für diesen Fehler ist meist ein zu flacher Schlägerschaft kurz vor dem Treffmoment oder ein zu steil eintreffender Schläger. Letzteres zwingt den Golfer, sich größer zu machen, was ein hohes Griffende im Treffmoment zur Folge hat, um zu vermeiden, daß der Schlägerkopf zu tief in den Boden eindringt.

Free-Wheeling

In dem Teil des Abschwunges, von dem an sich der Winkel zwischen linkem Arm und Schläger wieder vergrößert (Release-Punkt), dürfen auf den Schläger keine beschleunigenden Kräfte mehr einwirken, da er sonst nur verlangsamt würde. Dies kann man sich etwa so vorstellen: Das Laufrad eines umgedrehten Fahrrades soll durch Anstoßen auf maximale Geschwindigkeit gebracht werden. Es erfolgt ein gewisser Kraftimpuls; nach diesem kann das Rad durch weitere Krafteinwirkung nicht weiter beschleunigt werden – im Gegenteil. Dieses Prinzip wird Free-Wheeling genannt und ist beispielsweise bei Ian Woosnam sehr gut zu beobachten.

Beim Erlernen des richtigen Abschwungs läßt es sich aber meist nicht umgehen, auch nach dem Release-Punkt bestimmte Bewegungen bewußt zu steuern. Sobald diese Bewegungen aber automatisch ablaufen, sollte wieder das Prinzip des Free-Wheeling angewandt werden.

Wissenschaftliche Untersuchungen haben gezeigt, daß die Geschwindigkeit der Hände ab dem Release-Punkt abnehmen muß, damit die Schlägerkopfgeschwindigkeit maximiert wird. Dies widerlegt eindeutig den weit verbreiteten Gedanken, der Krafteinsatz beim Abschwung müsse vom Beginn des Abschwungs bis zum Treffmoment stetig gesteigert werden oder gar erst im zweiten Teil des Abschwungs einsetzen.

Wie kommt der Ball in die Luft?

Da ich in meinem Unterricht immer wieder feststelle, daß es den wenigsten Golfern klar ist, wie der Ball in die Luft fliegt, sei das Prinzip hier noch einmal erklärt:

Anders als beispielsweise beim Hockey, bei dem die Schläger nicht mit Loft versehen sind, muß der Golfspieler keine spezielle Technik anwenden, um den Ball in die Luft zu bekommen. Er muß also den Ball nicht in die Luft „löffeln", das heißt, er muß nicht dafür sorgen, daß sich sein Schläger im Treffmoment nach oben bewegt und die Hände sich hinter dem Ball befinden, um so künstlich eine Schräge des Schlägers zu erzeugen. Das liegt daran, daß die Schlagflächen seiner Schläger eine Schräge von 11° bis 60° aufweisen.

Bei einem korrekten Eisenschlag bewegt sich der Schläger sogar nach unten, da hierdurch das saubere Treffen, besonders bei schlechten Lagen, erheblich vereinfacht wird. Ein Golfspie-

Bei einem Eisenschlag bewegt sich der Schlägerkopf „durch den Ball hindurch" nach unten, wodurch sich ein Divot links vom Ball ergibt

Bernhard Langer bei einem Annäherungsschlag: Um viel Backspin zu erzeugen, muß der Schläger „durch den Ball" nach unten schwingen

ler braucht nicht mit seinem Schläger unter den Ball kommen, sondern er schlägt von oben nach unten durch den Ball. Da das meist nicht allen klar ist, ist diese fehlerhafte Schaufelbewegung, besonders bei hohen kurzen Annäherungsschlägen, weit verbreitet. Der Schläger bekommt hierdurch viel zu viel Loft im Treffmoment (Kurve A). Der Schlag wird dadurch sehr schwach und erhält nur wenig Rückwärtsdrall. Dieses Prinzip des „Nach-unten-Schlagens" trifft für alle Golfschläger mit Ausnahme der Hölzer vom Tee sowie dem Putter zu. Der Putter besitzt fast kein Loft, und der Ball soll hier auch nicht in die Luft gehen; bei Schlägen vom

Tee ist eine leichte Aufwärtsbewegung durch die erhöhte Lage des Balles möglich. Die generelle Abwärtsbewegung des Schlägers führt, abhängig von der Lage des Balles, zu verschiedenen Divots, die nach dem Treffen des Balles vom Schläger aus dem Rasen herausgeschlagen werden. Je weiter rechts der Ball liegt, je kürzer der Schläger also ist, desto ausgeprägter wird das Divot sein. Bei langen Eisen und Hölzern bürstet der Schläger aufgrund der Ball-Lage nur noch das Gras. Bei Fernsehübertragungen wundern sich viele Zuschauer über die ziemlich großen Divots, die von den Pros herausgeschlagen werden.

Auch wenn ein tiefes Divot nicht den Idealfall darstellt, so ist es auf jeden Fall besser als gar keines.

Achten Sie beim nächsten Zusehen einmal darauf, wie die Bälle reagieren, bei denen viel Gras mit herausgeschlagen wurde (Kurve B): Sie bleiben sofort liegen, rollen manchmal sogar zurück. Der vertikale Eintreffwinkel ist zwar nicht der einzige Faktor – Ausrüstung (Schläger und Ball) und Schlägerkopfgeschwindigkeit sind neben dem sauberen Treffen auch mitentscheidend –, jedoch bestimmt er zusammen mit dem Loft des Schlägers zu einem Großteil, wie schnell sich der Ball rückwärts dreht. Dieser Rückwärtsdrall sorgt nicht nur für ein schnelles Stoppen des Balles nach dem Aufprall, sondern läßt den Ball auch unempfindlicher auf Seitwärtsdrall werden und verleiht ihm einen stabilen Flug mit einer optimalen Flugkurve.

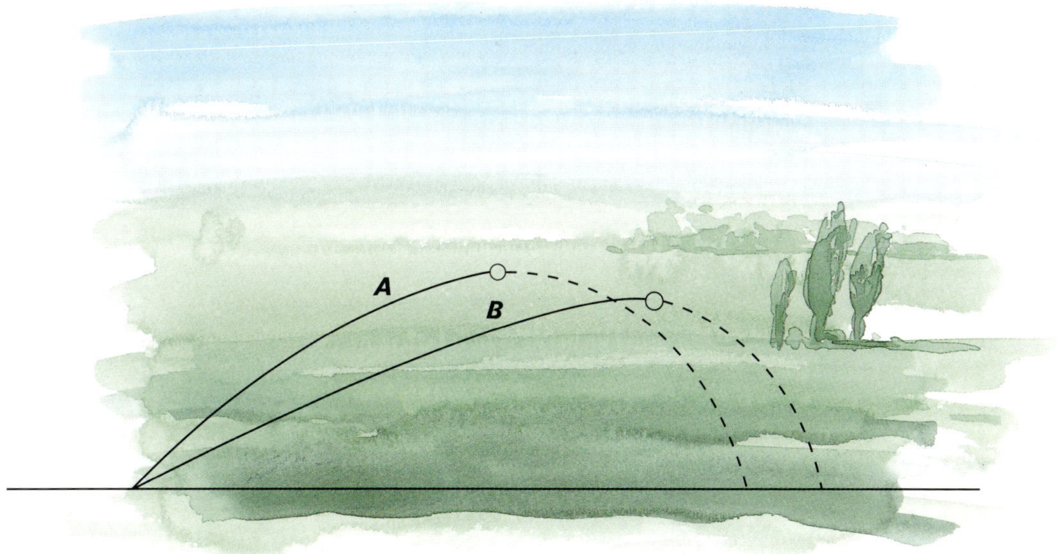

Je steiler (flacher) der Schläger in den Ball kommt desto flacher (höher) wird der Ball starten

Wie erreicht man nun einen Schlag nach unten? Dazu muß der Schläger im richtigen Maße von innen an den Ball kommen. Ein Schläger, der zu stark von innen an den Ball kommt, wird kaum von oben nach unten durch den Ball schwingen können. Ebenso häufig sieht man eine schaufelnde Bewegung, wenn der Schlägerkopf von außen, also zu steil, in den Ball kommt, weil der Spieler hier meist instinktiv versucht, den steilen Eintreffwinkel flacher zu machen. Die Hände müssen sich im Treffmoment also vor dem Ball befinden. Der Schlägerkopf wird die Hände erst nach dem Treffmoment überholen. Wichtig ist auch zu wissen, daß der Durchschwung, was das Abwinkeln der Handgelenke zur Daumenseite betrifft, kein Spiegelbild der Ausholbewegung ist. Der rechte Arm und der Schläger bilden aus der frontalen Ansicht noch weit nach dem Treffmoment eine Linie. Erst wenn sich der rechte Arm fast senkrecht zum Boden befindet, läßt man dem Schläger freien Lauf, und die Handgelenke winkeln zur Daumenseite ab.

Unmöglich wird der Schlag nach unten allerdings auch dann, wenn sich das Körpergewicht im Treffmoment zu weit rechts befindet, weil dies auch den Scheitelpunkt des Schwunges nach rechts verlagert.

Durchschwung

Der Durchschwung ist die Phase vom Treffmoment bis zur Endposition. Man könnte meinen, daß die Qualität seiner Ausführung von geringer Bedeutung sei, da der Ball ja bereits auf seinem Weg zum Ziel ist. Tatsächlich hat der Durchschwung aber zwei wesentliche Funktionen:

1. In dieser Phase muß die Geschwindigkeit des Schlägerkopfes so auslaufen, daß in ihrem Verlauf keine Verletzungen entstehen können. Der lange Durchschwung – der Schlägerschaft überstreicht bei korrekter Ausführung einen Kreisbogen von circa 270° – und die daraus resultierende lange Bremsdauer verringert die beim Abbremsen der Schlaggeschwindigkeit auftretenden Kraftspitzen.
2. Der Durchschwung beeinflußt auch den Abschwung. So nehmen beispielsweise Golfspieler, deren Durchschwung auf Hüfthöhe endet, neben dem erwähnten Verletzungsrisiko zusätzlich ein vorzeitiges Abbremsen des Schlägers vor dem Treffmoment in Kauf.

Der Durchschwung ist meist ein guter Indikator für die Qualität der vorangegangenen Vorbereitungen und Bewegungen. Gelingt es dem Spieler nicht, den Schlag regelmäßig in einer ausbalancierten Endposition abzuschließen, so ist dies meist auf Fehler in der Ausholbewegung, in der Haltung und im Stand oder sogar im Griff zurückzuführen. Hier muß zuerst die Ursache beseitigt werden, dann wird sich der Durchschwung meist von alleine verbessern.

Sie sollten auf keinen Fall versuchen, den Ball durch ein Beeinflussen des Schlägers während und nach der Treffmomentphase zum Ziel zu „steuern". Dies widerspricht, wie gesagt, dem Prinzip des Free-Wheelings, verlangsamt den Schläger vor dem Treffmoment und führt sowieso nur selten zu dem gewünschten Resultat.

Die häufig erteilte Anweisung, den Schläger zum Ziel zu schwingen, halte ich deshalb für wenig hilfreich, weil sich weder das Kopf- noch das Griffende des Schlägers im Ab- oder Durchschwung zum Ziel bewegt. Dies findet nur in dem winzigen Moment des Treffmoments statt. Zur Zeit ist es bei vielen Golflehrern populär, möglichst viele Fehler durch Veränderungen der Vorwärtsbewegung zu korrigieren. Meiner Ansicht nach wird hier nicht an der Ursache gearbeitet. Es ist zwar richtig, daß Korrekturen in dieser Bewegungsphase häufig leichter auszuführen sind und manchmal auch zu dem gewünschten

Resultat führen können; wenn jedoch die Ursache in den Schwungvoraussetzungen oder während des Schwunges nicht berichtigt wird, muß die Korrektur in der Vorwärtsbewegung ständig weiter ausgeführt werden. Hier kann man dann nicht von einer Schwungverbesserung, das heißt Vereinfachung reden.

Phase 8

Käme dem Schläger der Ball nicht in den Weg, so käme der Punkt der größten Schlägerkopfgeschwindigkeit aus der Sicht des Spielers nach dem Treffmoment. Dieser Punkt ist dann erreicht, wenn beide Arme gestreckt sind. Der linke Arm und der Schläger bilden aus der frontalen Perspektive gesehen ungefähr eine Linie. Nun erst hat sich also der Winkel zwischen linkem Arm und Schlägerschaft von vorne gesehen aufgelöst. Da sich der Schlägerschaft aus der seitlichen Perspektive genau auf der ursprünglichen Schlägerebene befindet (das Kopfende des Schlägers zeigt genau auf die Ziellinie), sind die Hände wie in Phase 1 wieder innerhalb (auf der linken Seite) des Schlägerkopfes. Wenn die Unterarme zuviel gegen den Uhrzeigersinn rotiert worden wären, wäre dies nicht der Fall.

Bis vor wenigen Jahren konnte man eine große Anzahl

Der Schläger befindet sich immer noch auf seiner ursprünglichen Ebene und hat sich entsprechend der Schwungkurve geschlossen

Linker Arm und Schlägerschaft sind jetzt in einer Linie. Das linke Handgelenk und der Unterarm bilden noch immer eine Linie

von Tourspielern beobachten, bei denen der Schläger sehr stark von innen an den Ball kam und die hierdurch nach rechts startenden Bälle durch extrem starke Unterarmrotation in der Treffmomentphase wieder „zurückgeholt" (starker Draw) wurden. Heute jedoch sieht man diese Technik nur noch selten, da sie eindeutig zu unbeständigeren Ergebnissen führt.

Wie schon erwähnt, befinden sich die Hände bei einem korrekten Release innerhalb des Schlägerkopfes. Dies ist aber nicht geschehen, weil die Schultern extrem gedreht oder die Hände nach links geschwungen wurden. Dies ergibt sich allein durch den Schläger, der genau auf der Ebene schwingt. Das linke Handgelenk ist in dieser Phase von vorne gesehen noch immer auf einer Linie mit dem linken Unterarm. Die Handgelenke sind vollständig zur Kleinfingerseite freigegeben, und hieran soll sich auch im nächsten Abschnitt nichts ändern, was auch eine zu starke vom Körper unabhängige Unterarmrotation erschwert.

Der Schläger ist wieder parallel zur ursprünglichen Schlägerebene (l.)

Phase 9

In dieser Phase ist das Griffende dem Boden näher als das Kopfende des Schlägers, und der Schaft ist wieder parallel zur ursprünglichen Schlägerebene. Der Schlägerkopf übergen leicht rechts vom Ziel. Der rechte Arm ist parallel zum Boden.

Der linke Ellenbogen wird nun angewinkelt, entsprechend zur Ausholbewegung; denn während dort der linke Arm

Der Schlägerkopf beschreibt im Durchschwung einen extrem weiten Kreisbogen (r.)

streicht aus der frontalen Ansicht gesehen einen viel größeren Bogen als beim Ausholen, da die Handgelenke hier nicht wie in der vergleichbaren Position des Ausholens früh abgewinkelt werden.

Der Oberkörper hat nun den Unterkörper, was die Drehung betrifft, erreicht. Die Gürtelschnalle und das Brustbein zeilang bleibt und der rechte Ellenbogen abgewinkelt wird, wird beim Durchschwung der rechte Arm lang gelassen und der linke gebeugt.

Der Körper befindet sich hier schon vollständig in seiner „linken Achse“ und das Gewicht vollständig auf der Außenseite des linken Fußes. Der Kopf hat sich in Phase 9 bereits mitgedreht, so daß der Golfer den Ball nun wieder sehen kann. Es ist kein Vorteil, die Augen so lange wie möglich auf den Punkt zu fixieren, an dem der Ball gelegen hat – im Gegenteil. Es ist unmöglich, einen freien und weit auslaufenden Durchschwung auszuführen, wenn der Kopf unnötig lange „unten gelassen wird". Zudem sind viele Überbelastungen der Wirbelsäule auf ein zu langes „Untenlassen" des Kopfes zurückzuführen. Die Angst, den Ball durch ein zu frühes Nachschauen zu toppen, ist unbegründet; ich habe bis heute noch keinen Golfspieler gesehen, der das tatsächlich macht. Beim Tennis käme auch niemand auf die Idee, nach dem Treffen des Balles die Stelle, an der Schläger und Ball Kontakt hatten, nach dem Schlag noch lange anzuschauen.

Auch wenn der Kopf sich nach dem Treffen des Balles schon gedreht hat, so befindet sich der Körper aus der seitlichen Perspektive gesehen immer noch in seiner ursprünglichen Neigung. Der Kopf hat sich also bis hierhin nicht nach oben bewegt. Um den Rücken zu entlasten, wird jedoch im weiteren Verlauf auch diese Oberkörperneigung aufgelöst.

Phase 10

Im letzten Abschnitt läßt der Golfer einfach die Geschwindigkeit des Schlägers und der Arme auslaufen. Dabei dreht sich der Körper so weit, daß die Gürtelschnalle nun schon

leicht links vom Ziel zeigt und die rechte Schulter dem Ziel näher ist als die linke. Der Oberkörper ist fast völlig aufgerichtet. Von vorne gesehen steht der Spieler völlig gerade.

Früher sah man hier viele Golfer in einer Position, in der der Oberkörper zu weit zurückgebeugt war (Reserve C). Dies wirkt zwar auf das unge-

Da sich der Oberkörper leicht aufgerichtet hat, ist der Schläger nun flacher als die ursprüngliche Schlägerebene

übte Auge sehr athletisch, sorgt aber leider dafür, daß sich der Schläger in der Treffmomentphase nicht genügend nach unten bewegt und zudem eine die Wirbelsäule schädigende Hohlkreuzhaltung eingenommen wird.

Der Oberkörper befindet sich nun genau senkrecht über dem linken Bein

Heute kann man jedoch auch schon häufig Spieler sehen, die dies ins Gegenteil übertrieben haben und den Oberkörper zu weit nach vorne beugen und so dafür sorgen, daß Arme und Schläger dem meist schon im Abschwung vorauseilenden Oberkörper nicht nachkommen, was dann zu Slices führt.

Der rechte Arm befindet sich – aus der seitlichen Perspektive gesehen – parallel zur Schlägerebene, die Hände sind links neben dem Kopf, und der Schläger ist, da der Oberkörper sich leicht aufgerichtet hat, nun nicht mehr parallel zur ursprünglichen Schlägerebene, sondern etwas flacher.

Spiegelbildlich zum höchsten Punkt des Ausholens, bei dem das rechte Handgelenk dorsal gebeugt und das linke fast gerade ist, soll nun das linke Handgelenk dorsal gebeugt und das rechte fast gerade sein. Die Handgelenke sind wieder vollständig zur Daumenseite hin abgewinkelt. Der rechte Fuß berührt aufgrund der Unterkörperdrehung nur noch mit der Spitze den Boden; der linke Fuß hat nur noch mit der Hacke und der linken Außenseite Bodenkontakt. Die beiden Knie stehen dicht beisammen.

Der Golfer sollte großen Wert auf eine korrekte Endposition legen, da ein gleichmäßiger Schwung nur gewährleistet ist, wenn man immer in derselben ausbalancierten Position endet. Tatsächlich sollte diese Position so lange beibehalten werden wie man will. Fallen Sie zum Beispiel zum Ende des Schwunges immer auf den rechten Fuß zurück, so zeigt dies an, daß die Körperbewegung schon im Abschwung oder sogar noch wesentlich früher verkehrt war.

Erlernen des Schwunges

In letzter Zeit liest und hört man bei der Diskussion um den Golfschwung wieder häufiger den Hinweis, beim Golf auf keinen Fall zu denken oder auf technische Details zu achten und sich hauptsächlich auf sein Gefühl zu verlassen. Dies mag für Kinder, die vorwiegend durch Nachahmen lernen, und Playing-Pros, die meist die technischen Voraussetzungen besitzen, ein guter Ratschlag sein, dem durchschnittlichen Golfer nützt dies aber nichts. Genauso wenig sinnvoll wäre es, einem Anfänger, der das Stabhochspringen erlernt, zu zeigen, wie er den Stab zu halten hat, und ihm dann zu sagen, daß er sich nur darauf konzentrieren soll, über die Latte zu springen. Golf ist nun mal, auch wenn es im ersten Augenblick nicht den Anschein macht, eine sehr schwierige Sportart, bei der die einzelnen Bewegungen, genau wie beim Stabhochsprung, sehr genau ausgeführt werden müssen, wenn man erfolgreich sein will.

Die angegebenen Positionen stellen trotzdem nur Richtlinien dar, die natürlich nicht auf den Zentimeter genau eingehalten werden können. Dabei sollten wir aber nicht vergessen, daß sich Golfschläger und Ball nur nach den Gesetzen der Mechanik richten und grobe Verstöße dagegen deshalb Konsequenzen haben.

Viele Golfer scheitern daran, einen korrekten Golfschwung zu erlernen, weil sie sich durch die bei den Schwungveränderungen zwangsläufig auftretenden schlechten Schläge abschrecken lassen und daraus schließen, daß die jeweilige Korrektur nicht richtig war. Es ist eine völlig falsche Annahme, man habe bei jedem guten Schlag einen guten Schwung gemacht und einen fehlerhaften bei jedem schlechten Schlag. So können sich in dem einen Fall zwei Fehler ausgeglichen haben, und in dem anderen Fall war der Schwung eventuell richtig, eine vorher nötige Ausgleichsbewegung aber völlig überflüssig.

Sie sollten also zu Beginn der Veränderungsphase etwas weniger Wert auf gute Bälle legen, sich dafür aber mehr um eine korrekte Ausführung des Schwunges kümmern.

Prinzip der Übertreibung

In meinem Unterricht stoße ich täglich auf folgendes Phänomen: Ein Schüler hat sein Problem bei der Videoanalyse erkannt und verstanden und ist auch bereit, es zu beseitigen. Nach einigen Versuchen glaubt er, bereits eine komplett neue Bewegung zu machen, und ist erstaunt, wenn ich ihm sage, daß sich der Schwung nicht von dem alten unterscheiden läßt.

Ein Beispiel soll Ihnen zeigen, daß man sich auf sein Gefühl nicht unbedingt verlassen kann: Stellen Sie sich vor, Sie verbringen eine längere Zeit in einer kalten Region, in der die Temperaturen –10 Grad Celsius betragen, und kommen dann in ein Zelt, in dem es 20 Grad plus ist: Es wird Ihnen sehr warm vorkommen. Nun verbringen Sie mehrere Tage in der Wüste bei circa 40 Grad. Jetzt begeben Sie sich wiederum in ein Zelt, in dem die Temperatur 20 Grad beträgt: Es wird Ihnen sehr kalt vorkommen. An diesem Beispiel kann man nachvollziehen, daß das Gefühl immer von der vorhergehenden Erfahrung beeinflußt wird.

Schwung

- *Beim Ausholen müssen 4 Grundbewegungen durchgeführt werden: Körperdrehung, Abwinkeln der Handgelenke, Unterarmrotation und Lösen der Arme vom Körper. – Beim Abschwung dagegen bewußt nur zwei: Umkehrung des Lösens der Arme vom Körper und die Drehung des Körpers nach links (seitliche Hüftdrehung und Armschwung nach unten).*
- *Der Schläger soll sich während des ganzen Schwunges auf oder parallel zur ursprünglichen Schlägerebene befinden.*
- *Der Oberkörper dreht sich in der Neigung, die er in der Ansprechposition hat, um die Wirbelsäule.*
- *Der Schläger bewegt sich mit Ausnahme der Schläge vom Tee durch den Ball nach unten.*

Ebenso verhält es sich beim Golf: Haben Sie eine Zeitlang zu flach ausgeholt, so kommt Ihnen nun ein normales Ausholen extrem steil vor. Den meisten ist dieses Phänomen nicht bewußt, weshalb sie dann bei etwaigen Veränderungen in ihrer Technik in zu kleinen Schritten vorgehen. Ein Satz, den meine Schüler häufig hören, lautet daher: „Führen Sie meine Korrekturen so aus, daß Sie das Gefühl haben zu übertreiben!“ Nachdem der Schüler nach einiger Zeit mehrere Schwünge macht, von denen er meint, daß er sie maßlos übertrieben hat, muß er bei der wiederholten Videokontrolle meist feststellen, daß ihn sein Gefühl wieder getäuscht hat und sein Schwung „gerade mal“ neutral ist. Dieses Prinzip des Übertreibens kann gar nicht oft genug betont werden. Glauben Sie nicht, daß Sie eine Ausnahme bilden. Verlassen Sie sich nicht auf Ihr Gefühl. Sobald Sie dieses Prinzip begriffen haben und anwenden, steht einer schnellen und erfolgreichen Schwungveränderung nichts mehr im Wege.

Schwung in Kürze

Wenn Sie die Voraussetzungen für den Schlag (Griff, Haltung, Stand und Schlagvorbereitungen) beherrschen und konsequent anwenden, so ist es insbesondere beim Spiel auf dem Platz wichtig, die Übersicht nicht in unzähligen kleinen Details zu verlieren. Wenn Ihre Bewegung den folgenden Grundprinzipien entspricht, so werden gute Schläge zur Regel.

Ausholbewegung

Bewegen Sie zu Beginn des Schwunges Schläger und Arme nach rechts. Hierdurch werden sie im richtigen Maße nach innen und oben schwingen.

Da sich der Oberkörper (gegen den Widerstand der Hüften) um die fixierte Wirbelsäule dreht, werden die Schultern auf einer flacheren Ebene (senkrecht zur Oberkörperneigung) gedreht als die, auf der sich die Arme bewegen (parallel zur ursprünglichen Schlägerebene). Durch den korrekten Griff und die Trägheit des aufsteigenden Schlägerkopfes werden die Handgelenke abgewinkelt.

Wenn Sie alle Grundbewegungen ausführen, sollte der Schläger während des ganzen Schwunges die Schräge, in der er zu Beginn des Schwunges war, beibehalten oder parallel zur Ziellinie ausgerichtet sein, wenn er sich parallel zum Boden befindet. Das Schlägerblatt bleibt – außer während der Treffmomentphase – immer parallel zum linken Unterarm ausgerichtet.

Achten Sie darauf, daß Sie die Techniken, die Sie bewußt kontrollieren können (Schlagvoraussetzungen und Ausholen), richtig ausführen. Die unterbewußt ablaufenden Reaktionen werden dann dafür sorgen, daß die Hauptphase des Schwunges, das eigentliche Schlagen des Balles, korrekt erfolgt.

Vorwärtsbewegung

Ein guter Abschwung läuft im Idealfall reflexartig ab, da die Bewegung zu schnell abläuft, um sie bewußt zu steuern.

Beim Abschwung ist es dagegen sinnvoll, das „Nach-unten-schwingen“ der Arme und das „Aus-dem-Weg-drehen“ der Hüften zu koordinieren. Nach links startende und rechts drehende Bälle entstehen bei neutraler Vorbereitung und Ausholbewegung durch einen zu schnell drehenden Körper; nach rechts startende und links drehende Bälle durch zu schnelle Hände und Arme.

Eine Anmerkung zum Schluß: Damit Ihre Schläge beständig und erfolgreich werden, dürfen Sie von den in diesem Buch erläuterten Grundprinzipien nicht zu weit abweichen. Für persönliche Eigenheiten und Stile ist aber immer noch genügend Platz.

ANHANG

Ein gezieltes Aufwärmtraining unter funktionellen Gesichtspunkten bereitet Körper und Psyche optimal auf die Belastungen beim Golf vor.

Funktionelles Aufwärmen

Ein sinnvolles, funktionsgerechtes Aufwärmen ist für Golfspieler genauso wichtig wie für alle anderen Sportler. Leider sind Golfer, die sich in dieser Weise auf das Training oder das Spiel vorbereiten, die absolute Ausnahme.

Beim Sprint-Training käme niemand auf die Idee, sich nach der Ankunft auf dem Parkplatz die Spikes anzuziehen und sofort 100 Meter auf Zeit zu laufen. Beim Golf jedoch scheint dies fast die Regel zu sein. Nach dem Erreichen der Range wird sofort zum Eisen 7, oft sogar zum Holz gegriffen – meist, um gleich von Anfang an möglichst weit zu schlagen.

Übung 1:
Drehen Sie den Kopf abwechselnd zur linken und rechten Seite (keine Kreisbewegung) → Unterstützen Sie die Bewegung nicht mit den Händen, da Sie sonst die Wirbelsäule zu stark belasten!

Übung 2:
Neigen Sie den Kopf abwechselnd nach rechts und links, „ziehen" Sie dabei jeweils den Gegenarm in Richtung Boden, ohne jedoch die Körperposition zu verändern

Die wenigen aber, die sich überhaupt aufwärmen oder dehnen, machen dies meist falsch, indem sie traditionelle, das heißt vor allem rückenschädigende Übungen wie Beckenkreisen, Rumpfvorbeugen, gleichzeitiges Schwingen von mehreren Schlägern u. ä. durchführen. Oft wird dann auch noch überzogen federnd gedehnt, wobei Bänder und Sehnen überlastet werden.

Das richtige Aufwärmen dient nicht nur der Prävention von Verletzungen (Zerrungen, Muskelfaserrissen, Blockierungen von Wirbelgelenken etc.), sondern auch der Erhöhung der Gelenkmobilität und der Verbesserung der gesamten Körperkoordination. Zudem steigert auch das „mentale Aufwärmen", die geistige Vorbereitung auf die kommende Belastung, die Trainingseffektivität.

Übung 3:
Führen Sie die Schultern (auch gegengleich) leicht nach vorne und hinten
→ Halten Sie den Rücken gerade und arbeiten Sie nicht mit Schwung!

Übung 4:
Schwingen Sie die Arme zur Seite und wieder zurück
→ Beginnen Sie die Bewegung langsam und führen Sie sie nicht mit zuviel Schwung aus!

Das richtige Aufwärmen besteht aus vier Phasen:

- Am Anfang steht die *Mobilisationsphase*. Sie dient zur Anregung des Herz-Kreislauf-Systems, der besseren Durchblutung der Muskeln und der Erwärmung der „Gelenkschmiere", was in der Folge „reibungslose" Bewegungen ermöglicht. Die Bewegungen werden hier langsam und leicht aber dennoch fließend ausgeführt. Jede Bewegung wird zweimal hintereinander ausgeführt.
- Nun folgt das *Stretching*. Stretching ist ein Synonym für

Übung 5:
Fassen Sie den linken oder rechten Arm mit der jeweiligen Gegenhand von oben am Oberarm (Ellbogen) und ziehen Sie ihn vor dem Körper nach rechts oder links

Übung 6:
Bringen Sie im Wechsel den rechten und linken Arm gestreckt in Vorhalte (die Handfläche zeigt jeweils nach oben). Ziehen Sie dann mit der anderen Hand den Handrücken nach unten

gehaltene Muskeldehnung. Die Skelettmuskulatur soll damit auf schonende Art optimal auf kommende Belastungen vorbereitet werden. Hierbei geht man am besten wie folgt vor. Zuerst wird der Muskel vorsichtig bis zur leichten Zugempfindung gedehnt. Diese Position wird dann etwa 10 Sekunden lang gehalten. Jetzt entspannt man den Muskel knapp zwei Sekunden, um dann vorsichtig weiter zu dehnen, bis zur erneuten Zugempfindung. Der ganze Vorgang wird bei jeder Übung zweimal wiederholt.

Übung 7:
Drehen Sie abwechselnd den Oberkörper mit geradem Rükken nach links und rechts ohne dabei die Hüften mitzudrehen

→ Führen Sie die Bewegung nicht mit zuviel Schwung aus!

Übung 8:
Greifen Sie Ihre Hände und nehmen Sie die Arme senkrecht gestreckt über den Kopf. Neigen Sie nun den Oberkörper mit geradem Rücken abwechselnd nach rechts und links zur Seite

● Jetzt kommen *dynamische Koordinationsübungen.* Nach dem Stretching muß die Muskulatur nun auf die dynamische Belastung vorbereitet werden. Die Koordinationsübungen werden langsam begonnen und steigern sich dann im Ablauf. Sie werden etwa fünfmal wiederholt.

● Schließen Sie nun Ihr Aufwärmprogramm mit golfspezifischen Übungen (Probeschwünge) ab. Am besten eignen sich Schwünge mit geschlossenem Stand (Füße unmittelbar nebeneinander), Baseballschwünge (Schlägerkopf in der Ansprechposition etwa

Übung 9:
Stellen Sie Ihre Füße unmittelbar nebeneinander und machen Sie dreiviertel Schwünge, ohne dabei das Gleichgewicht zu verlieren

Übung 10:
Greifen Sie Ihren Schläger seitenverkehrt (Rechtshänder wie Linkshänder und umgekehrt) und machen Sie einige Probeschwünge

hüfthoch) und seitenverkehrte Schwünge (Rechtshänder wie Linkshänder und umgekehrt). Sie werden schnell feststellen, daß die ersten Schläge viel erfolgreicher werden, wenn Sie richtig vorbereitet sind. Wenn Sie jetzt mit Golfschlägen anfangen, so sollte Ihr erster Schläger ein Wedge sein. Beginnen Sie mit halben Schlägen und setzen Sie erst nach etwa 20 Schlägen längere Schläger ein. Planen Sie für die richtige Vorbereitung mindestens zehn Minuten ein. Nach der Runde sollte auch noch Zeit für Wirbelsäulengymnastik, sein.

Übung 11:
Setzen Sie mit Ihrem Schlägerkopf in der Luft an und machen Sie einige Baseball-Schwünge

Übung 12:
Machen Sie einen Ausfallschritt nach vorne und stützen Sie sich mit den Händen auf dem Oberschenkel des vorderen Beines ab, das hintere Bein bleibt gestreckt. Schieben Sie nun das Knie des vorderen Beines nach vorne, jedoch nur

so weit, daß es sich noch über dem Fuß befindet
→ Achten Sie auf einen geraden Rücken!

Übung 13:
Greifen Sie abwechselnd den rechten und linken Fußrist und ziehen die Ferse zum Gesäß. Das Becken muß sich in aufgerichteter Stellung befinden, das Standbein völlig gestreckt sein, und die Oberschenkel müssen parallel gehalten werden

→ Halten Sie den Rücken gerade, und stützen Sie sich bei etwaigen Gleichgewichtsproblemen an Ihrer Gofltasche, an einem Baum o.ä. ab!

Bibliographie

Deutschsprachige Literatur:

Balk, A.: Funktionelles Körpertraining. Niedernhausen 1993

Ballreich, R./Kuhlow, A. (Hg.): Biomechanik der Sportspiele. Teil 1: Einzel- und Doppelspiele. Stuttgart 1992

Grass, A./Wiesenhofer, H.: Golf ohne Handicap. Wien 1991

Grosser, M./Neumaier, A.: Techniktraining Theorie und Praxis aller Sportarten. München 1982

Hay, A.: Golf Handbuch. Reinbek bei Hamburg 1990

Heuler, O.: Golf-Technik mit System. Villingen-Schwenningen 1991

Heuler, O.: Golf – Neue Wege zum erfolgreichen Spiel. Niedernhausen 1993

Hüpper, G.: Handbuch des Golfspiels. Königswinter 1988

Jacobs, J./Bowden, K.: Golf-Praxis. Hamburg 1985

Jacobs, J./Bowden, K.: Golf ohne Fehler. Hamburg 1985

Kassat, G.: Biomechanik für Nicht-Biomechaniker. Bünde 1993

Leadbetter, D.: Alles über Schlag und Schwung. Hamburg 1991

Letzelter, H./ Letzelter, M.: Leistungsdiagnostik im Golf. Ahrensburg 1992

Nicklaus, J.: Der Schwung. Hamburg 1986

Nicklaus, J.: Das Buch der 1000 Tips. Hamburg 1981

Meinel, J./Schnabel, K.: Bewegungslehre – Sportmotorik. Berlin 1987

Rieder, H./Lehnertz, K.: Bewegungslernen und Techniktraining. Schorndorf 1991

Runyan, P.: Das kurze Spiel – Ihr Weg zum Erfolg. Starnberg 1979

Saunders, V.: Das Golf Handbuch. Hamburg 1989

Watson, T.: Das kurze Spiel. Hamburg 1986

Englischsprachige Literatur:

Allen, N.: Instant Golf Swing Guide. Leatherland 1992

Allen, N.: Instant Golf Fault Finder. Leatherland 1992

Armour, T.: How to Play Your Best Golf All the Time. London 1992

Armour, T.: A Round of Golf. New York 1959

Ballard, J.: How to perfect your Golfswing. Trumbull 1981

Cochran, A./Stobbs, J.: The Search for the Perfect Swing. London 1968

Cochran, A. J.: Science and Golf. London 1992

Faldo, N.: The Winning Formula. London 1989

Gallway, T.: The Inner Game of Golf. New York 1979

Hebron, M.: See and Feel the Inside Move The Outside. Smithtown NY 1984

Hebron, M.: The Art and Zen of Learning Golf. Smithtown NY 1990
Hebron, M.: Golf Mind, Golf Body, Golf Swing. Smithtown NY 1993
Hogan, B.: Modern Fundamentals of Golf. Trumbull 1957
Hogan, B.: Power Golf. New York 1953

Hogan, C.: Practicing Golf. Sedona AZ 1990
Hogan, C.: Learning Golf. Sedona AZ 1993
Jacobs, J.: John Jacobs Analyses Golf's Superstars. London 1974
Jacobs, J.: Play Better Golf. London 1990
Jacobs, J.: The Golf Swing simplified. London 1993
Jobe, F. W./Schwab, D. R.: 30 Exercises for better Golf. Inglewood 1986
Jones, E.: Swing the Clubhead. New York 1952
Jones, B.: Bobby Jones on Golf. New York 1966
Kelley, H.: The Golfing Machine. Seattle 1969
Knudson, G.: The Natural Golf Swing. Toronto 1988
Leadbetter, D.: Faults and Fixes. London 1993
Lyle, S./Andrisani, J.: Learning Golf: The Lyle Way. London 1986
Maltby, R.: Golf Club Design, Fitting, Alteration and Repair. Newark 1982
McLean, J.: Golf Digest's Book of Drills. Trumbull 1990
Murphy, M.: Golf in the Kingdom. Arkana 1972
Nelson, B.: Winning Golf. Dallas 1946
PGA-Professionals: Get Your Golf in Shape. Bury St. Edmunds 1992
Pelz, D.: Putt like the Pros. Austin 1988
Pelz, D.: The Pelz Report. Austin 1991–1993
Pollard, T.: Golf – Fit for the Game. GB-Bungay 1991
Saunders, V.: The Complete Woman Golfer. London 1986
Stanley, L. T.: Swing to better Golf. London 1957
Torrance, B.: Room at the Top. London 1991
Watson, T./Seitz, N.: Strategic Golf. London 1993
Wiren, G.: The PGA-Teaching Manual. Palm Beach 1990

Glossar

Abschwung: Der Teil des Schwunges vom Ende der Ausholbewegung bis zum Treffmoment

Ansprechposition: Position des Golfers nach dem Einnehmen des Standes und dem Aufsetzen des Schägers

Buldge: Horizontale Schlagflächenwölbung bei Hölzern

Divot: Herausgeschlagenes Rasenstück

Dorsalflexion: Beugung des Handgelenks in Richtung des Handrückens

Dünne Schläge: Ein Schlag wird als „dünn" bezeichnet, wenn der Schläger den Ball zu weit oben, jedoch noch unterhalt des „Äquators" getroffen hat. Dieser Schlag fliegt flacher als ein gut getroffener Ball und hat in der Regel weniger Rückwärtsdrall

Durchschwung: Der Teil des Schwunges vom Treffmoment bis zur Endstellung

Ebene: Beim Golfschwung gibt es unzählige Ebenen. Die gebräuchlichsten sind:
1. Schlägerebene (definiert durch den → Lie des Schlägers)
2. Armebene (die Schräge des linken Armes aus der seitlichen Perspektive)
3. Schulterebene (Schräge, gebildet aus linker und rechter Schulteroberseite, während des Schwunges aus der seitlichen Perspektive gesehen)
Ebenen werden im Golf als flach bezeichnet, wenn sie eher horizontal ausgerichtet sind, und als steil, wenn ihre Ausrichtung im Raum eher vertikal ist

Eintreffwinkel
(des Schlägers in den Ball):
Horizontal: Winkel zwischen der Ziellinie und der horizontalen Komponente des Schlägerweges kurz vor dem Treffmoment (nur aus der seitlichen Perspektive zu erkennen). Im Idealfall schwingt der Schläger von innen nach innen (die Stärke ist abhängig vom gewählten Schläger: bei kurzen Schlägern weniger; bei längeren mehr) durch den Ball. Die beiden möglichen Abweichungen sind 1. eine Schwungkurve von außen nach innen und 2. eine Schwungkurve von innen nach außen (= horizontaler Eintreffwinkel)
Vertikal: Winkel zwischen dem Boden und der vertikalen Komponente des Schlägerweges kurz vor dem Treffmoment (nur aus der frontalen Perspektive zu erkennen). Im Idealfall schwingt der Schläger bei

Schlägen mit Eisen von oben nach unten durch den Ball; bei Hölzern parallel zum Boden und bei Schlägen mit Hölzern vom Tee leicht von unten nach oben (= vertikaler Eintreffwinkel)

Einfallswinkel: Der Überbegriff für den horizontalen und vertikalen Eintreffwinkel

Feedback: (Rückmeldung) Ohne Feedback (Video, Treffmoment-Computer, Ballflug, Divot, Treffmomentgefühl etc.) lassen sich keine Fortschritte erzielen

Fette Schläge: Ein Schlag wird als „fett" bezeichnet, wenn der Schläger vor dem Ballkontakt in den Boden eingedrungen ist. Hierdurch wird dieser Schlag erheblich an Fluglänge verlieren

Hook: Flugkurve des Balles, bei der der Ball zum Ziel startet und dann nach links abdreht

Iron Byron: Roboter, der den Golfschwung simuliert, benannt nach dem Golf-Professional Byron Nelson. Inzwischen haben fast alle Firmen, die Golfschläger und Bälle herstellen, solche Geräte

Kippen: Eine kippende Schulterbewegung ist eine Drehung der Schultern in einer zu steilen Ebene (linke Schulter zu tief; rechte Schulter zu hoch)

Leading-Edge: Vordere untere Kante des Schlägerkopfes

Lie: Winkel zwischen Schlägerschaft und -sohle

Loft: Winkel zwischen Schlagflächentangente und der Senkrechten zum Boden

Oberer Totpunkt: Umschaltpunkt zwischen Auf- und Abwärtsbewegung (in der Physik/Mechanik). Höchster Punkt der Ausholbewegung (beim Golf)

Pre-Shot-Routine: Routine vor dem Schlag (Greifen, Zielen, Ausrichten, Waggeln etc.), die möglichst immer gleich abläuft

Pronation: Drehbewegung, Rotation der Unterarme zur Daumenseite

Pull: Flugkurve des Balles, bei der der Ball nach links startet und gerade fliegt

Push: Flugkurve des Balles, bei der der Ball nach rechts startet und gerade fliegt

Radialflexion: Abwinkeln der Handgelenke in Richtung der Daumenseite

Release: Das Freigeben des Schlägers (Ulnarflexion, Supination und Volarflexionin links beziehungsweise Pronation und Dorsalflexion rechts) in der Treffmomentphase

Release-Punkt: Punkt im Abschwung, an dem sich der Winkel zwischen linkem Unterarm und Schläger wieder zu vergrößern beginnt

Reverse C.: Fehlerhafte Endstellung des Golfers beim Golfschwung, bei der der Rücken einem umgedrehten C gleicht und somit ein Hohlkreuz erzeugt

Rückwärtsdrall *(engl. Backspin)*: Drehung des Balles um die eigene Achse entgegen der Flugrichtung (jeder Ball, der fliegt, hat Rückwärtsdrall; andernfalls würde er sofort abstürzen). Man redet nicht erst dann von Backspin, wenn der Ball nach dem Landen zurückläuft. In diesem Fall war der Backspin dann besonders groß. Der Rückwärtsdrall entsteht durch die mit Loft versehenen Schläger

Schläger *flach*: Der Schlägerschaft ist aus der seitlichen Perspektive gesehen horizontaler ausgerichtet als sein Lie es vorgibt.

Schläger *steil*: Der Schlägerschaft ist aus der seitlichen Perspektive gesehen vertikaler ausgerichtet als sein Lie es vorgibt (bei parallel zum Boden befindlichem Schaft zeigt das Griffende links vom Ziel oder das Kopfende rechts vom Ziel)

Schläger *offen*: vom Griffende aus gesehen im Uhrzeigersinn verdreht

Schläger *geschlossen*: vom Griffende aus gesehen gegen den Uhrzeigersinn verdreht. Die Begriffe flach und steil beziehen sich auf den Schlägerschaft während des Schwunges. Die Begriffe „offen" und „geschlossen" beziehen sich auf das Schlägerblatt. Die Begriffe offen und geschlossen sind etwas verwirrend, da ein offener Stand eine Ausrichtung links vom Ziel bezeichnet und ein offenes Schlägerblatt für einen nach rechts verdrehten Schläger steht

Slice: Flugkurve des Balles, bei der der Ball zum Ziel startet und dann nach rechts abdreht

Spätes Schlagen: Wenn sich der Winkel zwischen linkem Unterarm und Schlägerschaft im Abschwung sehr spät auflöst

Supination: Rotation der Unterarme zur Kleinfingerseite

Trailing-Edge: Hintere untere Kante des Schlägerkopfes

Ulnarflexion: Abwinkeln der Handgelenke in Richtung der Kleinfingerseite

Volarflexion: Beugung des Handgelenks in Richtung der Handfläche

Vorwärtsbewegung: Bezeichnet den Teil des Schwunges vom Ende der Ausholbewegung bis zur Endstellung (also Ab- und Durchschwung)

Zentrifugalkraft: Die bei der Rotation eines Massenpunktes durch Trägheit auftretende, vom Zentrum nach außen weisende Kraft

Ziellinie: Gerade gebildet aus Ball und Ziel

REGISTER

Zum gleichen Thema sind im FALKEN Verlag bereits erschienen:
Golf (Nr. 343); Golf – Neue Wege zum erfolgreichen Spiel (Nr. 4509); SportRegeln Golf (Nr. 1315); Video: Golf (Nr. 6035); Video: Der Schwung (Nr. 6180); Video: Das kurze Spiel (Nr. 6181); Video: Fehler und Korrekturen (Nr. 6182)

Danksagung

Golf-Ausstattung:
Mizuno (Deutschland) GmbH, München
Pro-Shop des Land- & Golfclubs Öschberghof, Donaueschingen
Rolco Sport Products BV, Tilburg/Niederlande
Bridgestone Sports Europe GmbH, Markt Schwaben
Fotoaufnahmen auf dem Golfplatz:
Land & Golfclub Öschberghof, Donaueschingen
Golfclub Stuttgart-Neckartal

Kontaktadresse des Autors:
Golf mit System: Oliver Heuler, Lehenstr. 21, D-78166 Donaueschingen

Die Deutsche Bibliothek – CIP-Einheitsaufnahme

Heuler, Oliver:
Der Schwung / von Oliver Heuler. – Niedernhausen/Ts. : FALKEN, 1994
(FALKEN Golfpraxis)
ISBN 3-8068-4784-3

ISBN 3 8068 4784 3

Umschlaggestaltung: BAYERL + OST GmbH, Frankfurt a.M.
Gestaltung und Herstellung: Ilse Stockmann-Sauer, Offenbach a.M.
Redaktion: Jürgen Knöppler
Fotos: HARDT Sportphoto Int., Hamburg: S. 9, S. 19, S. 53, S. 62/63, S. 67, S. 91, S. 99, S. 113; **William Diesbrook,** Neustadt: S. 3; **Atelier G & M Köhler,** Leonberg: alle übrigen Fotos
Zeichnungen: CV&L / Kurt Dittrich/Mitarbeit A. Schickert, Wiesbaden

Satz: Grunewald Satz & Repro GmbH, Kassel
Druck: Ludwig Auer GmbH, Donauwörth

817 2635 4453 62 71